Peter Noll/Hans Rudolf Bachmann
der kleine Machiavelli

Peter Noll
Hans Rudolf Bachmann

der kleine Machiavelli

Handbuch der Macht
für den alltäglichen Gebrauch

pendo

11. Auflage
60.–65. Tausend 1990

Umschlag-Illustration: Marxen, aus
«Kabarett der spitzen Feder», pendo-verlag
Typografie: Bernhard Moosbrugger
Satz: Fosaco AG, 8363 Bichelsee
Herstellung: Kösel, Kempten
© copyright by pendo-verlag, Zürich 1987
ISBN 3 85842 135 9

Die Verfasser

Peter Noll, zuletzt Professor für Strafrecht an der Universität Zürich, wurde 1926 als drittes von sieben Kindern des protestantischen Pfarrers von Stein am Rhein, später in Arlesheim, geboren. Er besuchte in Basel das Humanistische Gymnasium und studierte anschliessend Rechtswissenschaft an der dortigen Universität. Freundschaft mit Friedrich Dürrenmatt und Max Frisch. Praktika am Bezirksgericht in Arlesheim und am Obergericht in Liestal. Obergerichtsschreiber daselbst und ab 1955 gleichzeitig Privatdozent an der Universität Basel. Habilitationsschrift «Übergesetzliche Rechtfertigungsgründe». 1961 Berufung nach Mainz. Heirat; zwei Töchter. Initiant und Mitverfasser des Alternativ-Entwurfs zu einem deutschen Strafgesetzbuch. 1962 «Die ethische Begründung der Strafe». 1969 Rufe nach Frankfurt und nach Zürich. Peter Noll starb am 9. Oktober 1982. 1984 erschien sein Buch «Diktate über Sterben und Tod» mit Totenrede von Max Frisch, das innert kurzer Zeit sechs Auflagen erreichte und seither weltweit in neun verschiedene Sprachen übersetzt wurde.

Dr. Hans Rudolf Bachmann wurde 1930 in Zürich geboren, besuchte in Zürich die Schulen, studierte an der Universität Genf und an der Stanford University in Californien, lizenzierte an der Wirtschaftshochschule in St. Gallen, wo er auch in Betriebswirtschaft und Nationalökonomie doktorierte. Er war Dozent für Marketing und Kommunikation an verschiedenen Wirtschafts-Hoch- und Fachschulen Europas, spezialisierte sich auf Corporate Identity-Probleme und auf Probleme betreffend zentrale oder dezentrale Führung von Grosskonzernen. Tätig in Geschäftsleitungen und Verwaltungsräten verschiedener Unternehmungen der Schweiz und Europas im Konsumgüter-Produktions- und Verteilerbereich. Sein Anliegen: Geschäftsführung ohne Machtanspruch.

Inhalt

8	Vorwort I
11	Vorwort II
13	Das Gesetz der 50jährigen Männer
27	Das Gesetz des blinden alten Mannes
36	Die grauen Mäuse
54	Die Headhunters
59	Startbedingungen und Aufstieg
78	Eine Möglichkeit, Eigentümer zu werden
87	Sicherung der Macht
96	Probleme mit der Gesundheit
98	Die künstliche Krise
102	Dirty Tricks
108	Sünder, Sündenböcke und Opfer
114	Die Prominenz
119	Die Legenden von der Arbeit und von der Verantwortung
134	Ethnologie der Manager
147	Kleine, aber wichtige Tips für die Karriere

Vorwort I

Der grösste Teil dieser Seiten wurde zusammen mit Peter Noll unmittelbar vor dessen Tod geschrieben. Das Phänomen der Macht hat ihn zeitlebens beschäftigt; er wollte darstellen, wie die Macht in den verschiedensten Gruppierungen der menschlichen Gesellschaft zum Ausdruck kommt: in der Kirche, im Militär, in der Wissenschaft und eben in der Wirtschaft.

In der Wirtschaft haben ihn vor allem die Machtträger fasziniert und auch belustigt. Die wirtschaftlichen Machthaber tragen keine Uniformen oder Talare, sie tragen auch keine Orden. Vom Gehaben her sind sie nicht extravagant wie Mussolini oder Napoleon. Sie sind meist recht phantasielose Normalbürger, die die Früchte der Macht mit gezieltem und wohldosiertem Hedonismus geniessen. Meistens werden sie in der Unternehmung selbst zurechtgebogen. Fast schlimmer sind die risikofreien und todsicheren Selektionsverfahren der Consultants, auch head-hunters genannt. Diese Berater liefern den Unternehmen uniforme und vorprogrammierte Manager-Nachfolgeprodukte. Die Alpha- oder Betatypen, vorzugsweise rekrutiert aus Ausbildungsstätten wie der Harvard oder der A. Huxley University, können naturgemäss nicht besonders kreativ sein und reagieren in der Regel sehr schematisch auf die dauernden Veränderungen des Marktes.

Diese standardisierten Zuchtfolgen, diese fast jesuitisch anmutende Ordenskultur lassen traurig in die Zukunft blicken. Oder kann man sich vorstellen, dass im Aufsichtsrat eines Konzerns Colani oder Salvador Dalì Einsitz nehmen? obwohl Dalì die Swatch-Uhr wahrscheinlich bereits 1950 auf den Markt gebracht hätte!

Hans Rudolf Bachmann

Vorwort II

Difficile est satiram non scribere.

Dieses Buch ist eine Satire. Denn es erwies sich als zu schwierig, ja als unmöglich, über das Thema anders als satirisch zu schreiben. Machtkämpfe im wirtschaftlichen Management haben — aus kritischer Distanz betrachtet — so viele groteske Aspekte, dass gerade eine *wahrheitsgetreue* Schilderung zwangsläufig satirisch wird.

Alles, was in diesem Buch beschrieben wird, hat sich in der Wirklichkeit zugetragen. Auch die Akteure haben wir keineswegs karikiert. Wohl aber hat uns die beabsichtigte kritische Distanz dazu geführt, fast alle Namen der beschriebenen Personen und Unternehmen abzuändern, denn es kam uns darauf an, die *allgemeinen* Strukturen, Mechanismen und Gesetzmässigkeiten aufzuzeigen, die immer und überall ähnlich anzutreffen sind. Das Ganz-klein-Karierte haben wir soweit wie möglich weggelassen. So gesehen sind die Figuren, die in diesem Buch auftreten, eher etwas grösser und edler als die Personen der historischen Realität.

Trotzdem wird unsere Darstellung allen von Nutzen sein, die über Anpassungsfähigkeit verfügen und einem gesunden Opportunismus nicht moralisierenderweise abhold sind. Nichts von dem, was wir dem Aufsteiger empfehlen, liegt ausserhalb des Systems und seiner Legalität.

Peter Noll

Das Gesetz der 50jährigen Männer

Als der Autogigant Chrysler im Jahre 1979 nahezu Pleite machte, da griff sich jedermann an den Kopf: Wie konnten diese brillanten Manager eine Entwicklung verschlafen, die doch jeder vorausgesehen hatte! Seit 1973 gab es die Ölkrise; man wusste, dass der Ölpreis weiter und weiter steigen und die Ölreserven bald zu Ende gehen würden. Trotzdem haben sich Chrysler — und übrigens auch General Motors — darauf kapriziert, weiterhin Autos zu produzieren, die eher wie Fregatten aussahen und entsprechend viel Sprit soffen. Dabei waren längst schon die Deutschen und die Japaner mit kleinen, sparsamen, teils sogar schmucken Autos auf dem Markt. Die Manager von Chrysler und General Motors aber blieben ruhig auf ihren Autohalden sitzen.

Das Unternehmen hat die Entwicklung verschlafen, wie man so schön sagt. Haben auch die Manager geschlafen? Keineswegs. Waren die Manager dumm oder blind? Natürlich trifft auch dies nicht zu. Wenn sie es auch nicht sagten, haben sie doch ziemlich genau die Entwicklung vorausgesehen, nicht anders als die ausländische Konkurrenz. Warum haben sie dann aber nichts getan? Warum haben sie weiterhin ihre kaum verkäuflichen grossen Fregatten produziert? Wir alle, Anhänger der freien

Marktwirtschaft, sind der festen Überzeugung, dass es der Wirtschaft und den Unternehmungen gut geht, wenn und weil es den Managern gut geht. Diese sind voll kreativer Kraft, optimieren die Gewinne, verhelfen über das Konkurrenzprinzip den Kunden zu günstigen Angeboten und werden dafür von ihrer Firma entsprechend belohnt. Zwischen den Interessen des Unternehmens und den Interessen der Manager besteht keinerlei Widerspruch.

Leider müssen wir an dieser idyllischen Vorstellung einige kleinere Korrekturen anbringen, die sich nicht zuletzt mit den Beispielen von Chrysler und General Motors und etwa auch mit der Uhrenindustrie in der Schweiz begründen lassen. Grob gesagt: Das Interesse des Managers *kann* mit dem Interesse des Unternehmens übereinstimmen, tut es auch hin und wieder, *muss* es aber nicht. Wenn das Interesse des Managers mit dem des Unternehmens kollidiert, dann zieht der Manager regelmässig sein eigenes Interesse dem Interesse der Firma vor. Natürlich hofft er, dass solche Kollisionen nie entstehen; aber wenn sie entstehen, dann ist er eben leider gezwungen, seinem eigenen Ego den Vortritt zu geben. Im Grunde stand das Management von Chrysler vor einem gänzlich unlösbaren Dilemma. Hinterher lässt es sich leicht sagen, man hätte eben schon 1973 die Produktion von grossen Autos einstellen und nur noch kleine, sparsame Wagen, gewissermassen mit japanischen Schlitzaugen produzieren sollen. Diese an und für sich richtige Entscheidung, eine Entscheidung für eine eigentliche chirurgische Operation, mochte ganz einfach niemand verantworten. Das Unternehmen hätte eine grauenhafte Durststrecke durchschreiten müssen; die Gewinne wären auf mindestens fünf Jahre hinaus gestrichen worden, die Aktionäre hätten aufgeheult; wahrscheinlich hätten sogar Arbeiter entlassen werden müssen. Wohl wurde hin und wieder im Aufsichtsrat von der möglichen Notwendigkeit einer so scharfen Massnahme gesprochen; doch bald einigte man sich darauf, mehr Energie für die Suche nach Argumenten zu verwenden, die dazu dienten, sich selbst und dem Publikum plausibel zu machen, dass nichts geändert wurde. Schliesslich war ja nicht Chrysler daran schuld, dass die OPEC ständig die Ölpreise hinauftrieb, noch weniger daran, dass die US-Regierung unfähig war, im Persischen Golf eine Präsenz aufzubauen, die den Benzinpreis niedrig gehalten hätte.

Auf der anderen Seite war ebenso klar, dass man die Aktionäre, die Arbeiter und die Kunden nicht *nur* mit solchen Sprüchen abspeisen konnte. *Etwas* musste doch getan werden, und es *wurde* auch etwas getan. Nach langen Diskussionen im Aufsichtsrat einigte man sich darauf, einem besonders ungestümen Unternehmungsleiter zu gestatten, ein 10 cm kürzeres Modell zu produzieren und diese Gattung auf den Namen compact car zu taufen. Dabei war man sich bewusst, dass diese compact cars immer noch grösser waren als die mittelgrossen europäischen und japanischen Autos. Immerhin hatte man gezeigt, dass man den Zug der Zeit erkannte, und schliesslich war das ganze ein recht vernünftiger Kompromiss, mit dem alle zufrieden sein konnten.

Eigentlich aber wusste jeder schon damals, dass die grosse Krise trotzdem kommen werde. Um das Verhalten der Männer zu erklären, die offenen Auges in die Krise hineinfuhren (mit grossen Wagen und mit compact cars) und sich trotzdem für den Niedergang des Unternehmens nicht eigentlich verantwortlich fühlen *konnten,* müssen wir einen Blick werfen auf die inneren Strukturen eines solchen Unternehmens.

Auf der ganzen Welt sind die grossen Konzerne ähnlich aufgebaut. Es gibt die Generalversammlung der Aktionäre, die natürlich ebenso wenig zu sagen hat wie in der Demokratie das Volk, so jedenfalls bei Publikumsgesellschaften, wo die Aktien sich auf zahllose kleine und kopflose Sparer verteilen. Gehört die ganze Gesellschaft einem einzigen Mann oder einigen wenigen, dann haben wir es mit einem ganz anderen Fall zu tun, dem wir ein eigenes Kapitel widmen müssen. Bleiben wir also bei der Publikums-Aktiengesellschaft. Zuoberst thront der Aufsichtsrat (in der Schweiz Verwaltungsrat genannt), der bei grossen Konzernen aus etwa 20 Personen besteht, die sich in der Regel dadurch auszeichnen, dass sie von der betreffenden Branche nichts verstehen, jedoch dafür bekannt sind, dass sie noch in anderen Aufsichtsräten sitzen, wo sie ebenfalls vom betreffenden Geschäft nichts verstehen, aber mit ihrem bekannten Namen dafür bürgen, dass es sich bei dem Unternehmen um eine angesehene Sache handelt. Natürlich spielen dann auch noch Beziehungen eine gewisse Rolle, vor allem zu den Banken. Der Aufsichtsrat tut eigentlich nichts anderes, als sich vierteljährlich zusammenzusetzen, um die Vorschläge der Generaldirektion (in vielen Unternehmen auch Vorstand genannt) zu genehmigen. Dieses allgemeine Ja-Sagen kommt nun allerdings nicht etwa schlicht dadurch zustande, dass die Generaldirektion den Aufsichtsrat fest im Griff hätte oder dass gar die Aufsichtsräte vor den Generaldirektoren Angst hätten, sondern es handelt sich, wie überall in hierarchischen Organisationen, um das folgende Phänomen: Da der Aufsichtsrat die Generaldirektion gewählt hat, muss er, schon um sein eigenes Gesicht nicht zu verlieren, mit den Vorschlägen der Generaldirektion einverstanden sein; andernfalls könnte man ihm vorhalten, er habe falsche Wahlen getroffen.

Auf der anderen Seite ist auch die Generaldirektion nicht daran interessiert, Vorschläge zu unterbreiten, die der Aufsichtsrat nicht genehmigt. Mindestens in heiklen Fragen wird also alles vorher abgesprochen. Letztlich aber liegt die ganze Macht bei der Generaldirektion. Wir können davon ausgehen, dass im allgemeinen die einzelnen Generaldirektoren ungefähr informiert sind über den Teilbereich des Unternehmens, dem sie vorstehen. Sie können ihre Informationen dem Aufsichtsrat unterbreiten oder sie auch zurückhalten. Zurückgehalten werden vor allem Informationen, die besonders wichtig sind, bei denen man Einwände des Aufsichtsrates befürchtet, und natürlich besonders solche, die unangenehm sind. Z. B. wird ein Generaldirektor, der ein sehr expansives Programm aufbauen möchte, dieses höchstens in ganz verwässerter Form dem Aufsichtsrat unterbreiten, weil das Generaldirektionsmitglied weiss, dass der Aufsichtsrat immer nur bremst und dämpft. Das hängt auch mit dem Alter der betreffenden Burschen zusammen: Aufsichtsrat wird man erst im Spätherbst eines Managerlebens. In den Aufsichtsräten finden wir denn auch regelmässig die geballte Weisheit und Mässigung des Alters.

Da die Aufsichtsräte sehr schlecht informiert sind, ist es im allgemeinen auch leicht, ihre Entscheide so zu gestalten, wie man sie von der Generaldirektion her will.

Es geschieht zwar glücklicherweise selten, aber doch hin und wieder, dass ein Mitglied des Aufsichtsrates eine geradezu unverschämte Frage stellt wie z. B. die folgende:

«Wie kommt es, meine Herren, dass die budgetierten Kosten von 10 Mio für ein zentrales Lagerhaus um mehr als die Hälfte überschritten wurden und wir nun sage und schreibe 16,2 Mio ausgeben müssen? Es wäre mir sehr angenehm, dafür eine plausible Erklärung zu bekommen.»

Generaldirektor Luther ist etwas überrascht,

fasst sich aber schnell: «Sie sollten selbst wissen, Herr Doktor Eck, dass der Aufsichtsrat seinerzeit das Projekt aufgrund einer blossen Grobanalyse genehmigt hat. Inzwischen hat die Feinevaluierung ergeben, dass mit nur 6,2 Mio Mehrkosten die Lagerkapazität auf das Dreifache ausgedehnt werden und die Unternehmung damit ihre logistischen Bedürfnisse nicht nur, wie ursprünglich vorgesehen, bis Ende der Achtziger-, sondern sogar bis Mitte der Neunzigerjahre mit Sicherheit befriedigen kann, und dies mit nur 6,2 Mio Mehrkosten. Es wäre schlicht unverantwortlich gewesen, wenn wir diesen Zeithorizont, der sich uns nach den neueren Studien aufgedrängt hat, nicht in dieser Weise ausgeschöpft hätten.»

Darauf Dr. Eck: «Ich glaube im Namen aller meiner Kollegen zu sprechen, wenn ich dem Herrn Luther dafür danke, dass er so weitblickkend und in eigener Verantwortung für das Wohl der Firma vorgesorgt hat.» In den nächsten zwei Jahren hat Dr. Eck dann in den Aufsichtsratsitzungen keine Fragen mehr gestellt.

In Wirklichkeit hatte das ganze mit weitblickkender Vorausplanung und Feinevaluierung überhaupt nichts zu tun, sondern ausschliesslich mit Schlamperei: Generaldirektor Luther hatte es ganz einfach unterlassen, mit den Bauunternehmen klare und sichere Verträge abzuschliessen. Das mit der höheren Lagerkapazität stimmte natürlich überhaupt nicht. Der Fall zeigt, wie einfach es ist, Einwände der Aufsichtsbehörde vom Tisch zu wischen.

Zurück zu unserer Frage, warum Chrysler auf die Herausforderung des Ölmarktes und der japanischen Autoimporte ganz einfach nicht richtig reagieren *konnte*. In der Generaldirektion sassen 15 Mitglieder, und wir können davon ausgehen, dass ihr Wissensstand mindestens so hoch war wie derjenige der Wirtschaftsjournalisten, die seit langem darüber berichteten, dass man die bisher produzierten Autos nicht mehr absetzen könne. Gesetzt den Fall, Generaldirektionsmitglied J. R. Edsel habe sich nach langen inneren Kämpfen entschlossen, das, was alle seine Kollegen wissen und woran sie auch wie er ständig denken, endlich offen auszusprechen. Zuvor hat er sich mit seinem ihm am nächsten stehenden Kollegen H. F. Dart vertraulich besprochen, und beide sind sie übereinstimmend zur Auffassung gekommen, es müsse etwas Energisches getan werden, weil es tatsächlich um Sein oder Nichtsein des Unternehmens ging. Man wird nicht bestreiten können, dass hier eine gewisse Selbstlosigkeit am Werk war. An der nächsten Sitzung der Generaldirektion legte Edsel ein Konzept vor, worin er vorschlug, die gesamte Angebotspolitik dramatisch zu ändern: Kleine, kleine, kleine Autos. Die Antwort, die Edsel von seinen Kollegen erhielt, kam für keinen Kenner unerwartet:

«Sie sprechen uns aus dem Herzen, Herr Kollege Edsel, und sicher glauben Sie uns, dass auch wir, Tag und Nacht von denselben Sorgen geplagt, wie Sie über die gleichen Probleme und

Projekte nachgedacht haben. Die Idee von den kleinen, kleinen, kleinen Autos haben wir auch schon erwogen; sie hat in der Tat etwas Bestechendes, wenn sie auch, das müssen Sie zugeben, ziemlich auf der Hand liegt. Auf der anderen Seite ist das, was Sie uns verschreiben wollen, ausgesprochen eine Rosskur. Wir können dieses Ziel, das uns allen wohl gemeinsam vorschwebt, nur durch eine Politik der kleinen Schritte erreichen. Stellen Sie sich doch einmal ganz konkret vor, was bei der Verwirklichung Ihres Vorschlages geschehen wird. Wir werden sofort massiv in die roten Zahlen abrutschen. Die Folgen kennen Sie genausogut wie wir. Die Aktienkurse sinken ins Bodenlose, es gibt Aufruhr in der Öffentlichkeit, die Gewerkschaften werden zum Streik aufrufen und schon damit das ganze Projekt zu Fall bringen. Wollen Sie wirklich die Verantwortung dafür übernehmen, dass wir Tausende von Arbeitern auf die Strasse stellen müssen? Aber lieber Herr Edsel, eigentlich brauchen wir uns gar nicht allzulange den Kopf über Ihr Projekt zu zerbrechen; denn wir wissen doch alle, dass wir diese Idee unserem Aufsichtsrat überhaupt nicht verkaufen können.»

Edsel wehrt sich, nun schon fast verzweifelt: «Aber ich bitte Sie, meine Herren, wenn wir die Entwicklung der letzten Jahre bei der gegebenen Unternehmenspolitik auf die nächsten Jahre extrapolieren, werden wir das Unternehmen mit Sicherheit in den Ruin treiben. Was Sie an kosmetischen Änderungen vorschlagen, das hat doch nur zur Folge, dass die Katastrophe ein bisschen hinausgezögert wird, dann aber um so schwerer hereinbricht. Mein Vorschlag dagegen wird uns zunächst in ein Tal bringen, aber nach einigen Jahren wieder in die Höhe.»

Nun neigt sich Generaldirektor Chevrolet, ein sonst eher schweigsamer Mann, bedeutungsvoll mit dem Oberkörper über den Tisch: «Ich muss nun doch ein ganz offenes Wort reden und Ihnen sagen, Herr Edsel, dass ich von Ihnen enttäuscht bin. Was Sie uns einreden wollen, das ist doch nichts anderes als eine Absage an die Chrysler Corporation. Wer den Glauben an sein Produkt verloren hat, den Glauben daran, was in unseren Werkstätten von fleissigen Männern Tag und Nacht geschaffen wird, der ist hier am falschen Platz. Ich dagegen muss für mich gestehen, und ich hoffe, auch im Namen der anderen Kollegen hier zu sprechen, dass ich nicht bereit bin, unser Unternehmen umzubringen; ich bin nicht für Euthanasie, sondern für Heilung, und das heisst in unserem Fall, dass wir, vom festen Glauben an die Zukunft unseres Unternehmens getragen, auf bewährtem Wege fortschreiten müssen. Ein so grosses Unternehmen wie das unsere lebt nicht von Experimenten und darf auf Modeerscheinungen nicht eingehen. Sehen Sie hier die grossen Männer, die unser Unternehmen gegründet und später geführt haben (Chevrolet weist mit der Hand auf die an der Wand hängenden grossen Portraits der früheren Aufsichtsratsvorsitzenden); bleiben wir ihren Gedanken treu und erinnern wir uns daran, was der Gründer unseres Unternehmens zu sagen pflegte: Wo ein Wille ist, da ist auch ein Weg. Ich danke Ihnen, meine Herren, für Ihre Aufmerksamkeit.»

So haben diese Männer gesprochen, gedacht jedoch ganz anders.

Gedacht haben sie nach dem *Gesetz der 50jährigen Männer*. Das Managerleben geht mit 60 Jahren zu Ende. Wieviele Jahre des Ruhestandes sich daran noch reihen, hängt vom Lebenswandel und der individuellen Konstitution des einzelnen ab. Aber Manager ist man in jedem Falle nach sechzig nicht mehr. Unverrückbare, eherne Gesetze sorgen dafür, dass in kritischen Situationen ein grosser Konzern mit Sicherheit mindestens an den Rand der Pleite kommt. Warum gelten diese Regeln? Die Sache verhält sich sehr einfach und wird vielleicht gerade deswegen nur von wenigen durchschaut. Generaldirektor wird man erst mit etwa 50 Jahren; denn der Bau der eigenen Karriere in grossen Organisationen braucht viel Zeit. Jede Führungsstufe, die man nach Abschluss der Hochschule absolvieren muss, dauert etwa fünf Jahre, und vier Stufen sind es immer mindestens. Was macht ein 50jähriger Familienvater mit Spitzeneinkommen, aber ohne Millionenvermögen, in der Krisensituation seines Unternehmens? Schon als Familienvater ist er verpflichtet, an seine Frau und seine Kinder zu denken, was es ihm erheblich erleichtert, auch an sich zu denken. Er wird sich also überlegen, ob er mit Kollege Edsel in die Talsohle fahren will, mit dem Ergebnis, dass zwar in zehn Jahren die Firma wieder blüht, die nächste Führungsgeneration aber die Früchte erntet. Soviel Selbstverleugnung ist selbst einem Manager schlechterdings nicht zuzumuten. Er wird sich also dazu entschliessen, seine ihm verbleibenden zehn Jahre möglichst unauffällig und ohne Kollaps der Firma hinter sich zu bringen und vor allem seine eigene Position dabei zu halten. Also wird er jeden Vorschlag unterstützen, der Zeitgewinn bringt. Möglichst wenig Änderungen und vor allem keine radikale Operation, selbst wenn sie die einzige Rettungsmöglichkeit für das Unternehmen wäre. Natürlich wird man nicht einfach gar nichts tun, schon um sich nicht Vorwürfen auszusetzen, man habe den Zug der Zeit verschlafen. In der Tat haben unsere 15 Männer wirklich nicht geschlafen, sondern sie haben sehenden Auges das Schiff ihrer Firma ganz allmählich auf die Sandbank gesteuert.

Die Gesetzmässigkeit des Vorganges verhilft den dafür verantwortlichen Männern zugleich zu schlagenden Argumenten. Nicht nur bei Chrysler, auch bei General Motors und bei Ford besteht selbstverständlich die Generaldirektion aus 50jährigen Männern, die genau in der gleichen Weise denken und handeln und ihr Unternehmen in genau die gleiche Krise hineinmanövrieren. Das ist eine sehr tröstliche Tatsache. Das Problem bleibt damit nicht das individuelle Problem eines einzigen Unternehmens, das möglicherweise von unfähigen Männern geführt wird, sondern es ist ein Problem der gesamten Branche, also letztlich eine Naturkatastrophe. Sowenig wie man den Bürgermeister von San Francisco für das Erdbeben, das demnächst in Kalifornien stattfinden wird, verantwortlich machen kann, sowenig wird man die Männer von Chrysler, Ford und General Motors dafür verantwortlich machen, dass sie von den japanischen und europäischen Autos überrollt worden sind.

Ist das Problem zum Problem einer ganzen Branche geworden, weil das Gesetz der 50jährigen Männer natürlich für die ganze Branche gilt, dann befindet es sich schon auf einer neuen, höheren Ebene. Es wird zum nationalen Problem. Jetzt wird die Sache in den Aufsichtsräten der Banken, in den Regierungen und in den Parlamenten diskutiert. Jetzt ist eine Verantwortung für das Debakel schon nicht mehr zu lokalisieren, und die 50jährigen Männer können ganz ehrlich auf den schicksalhaften Charakter der Entwicklung hinweisen. Sie werden sogar sagen, dass sie alles getan hätten, um dem Gang der Dinge frühzeitig eine andere Richtung zu geben, dass sie aber am Widerstand ihrer Kollegen und höherer Instanzen gescheitert seien. Dass ihr Hauptmotiv darin bestand, sich selber zu erhalten oder wenigstens nicht Selbstmord zu begehen, das werden sie dannzumal völlig vergessen haben.

Übrigens hat sich die Szene zwischen Generaldirektor Edsel und seinen Kollegen auf der

Ebene des Aufsichtsrates von Chrysler wiederholt. Edsel hat seinen Freund Plymouth im Aufsichtsrat der Corporation mobilisiert und mit ihm sein Papier diskutiert, ihn schliesslich von der Richtigkeit seiner vorgeschlagenen Radikalmassnahmen überzeugt. Plymouth hat dann dieselben Vorschläge mit einzelnen seiner Kollegen besprochen, und er ist mit genau den gleichen Argumenten vom Stuhl gefegt worden wie Edsel.

Das Gesetz der 50jährigen Männer ist übrigens nicht auf unser heutiges Wirtschaftsleben beschränkt. Unter Ludwig XV. hiess es: «Après moi le déluge.»

Das Gesetz des blinden alten Mannes

Wir haben vorhin bemerkt, dass die Dinge gänzlich anders laufen, wenn ein einziger Eigentümer den ganzen Konzern beherrscht. Man wird denken, dieser Eigentümer sei natürlich in erster Linie daran interessiert, dass das Unternehmen floriert und dass alle Zukunftschancen wahrgenommen werden. Er muss auch nicht Rücksicht nehmen auf Aufsichtsräte und Generaldirektoren.

Der Eigentümer ist zugleich der «big boss». Dieser wird nun, so möchte man meinen, das Steuer sofort herumwerfen, wenn er sieht, dass mit den bisherigen Produkten auf längere Sicht kein Gewinn mehr zu machen ist. Er würde also im Falle von Chrysler schon 1973 kleine Wagen produziert oder gar völlig neue Erfindungen verwertet haben, zumal er sich selber immer noch als Pionier sieht. In Wirklichkeit jedoch spielt sich die Szene ganz anders ab.

Typisch ist der Fall von Herbert Gross. Herbert Gross, Jahrgang 1901, hat in den Dreissigerjahren in Deutschland auf dem Kamerasektor eine umwälzende Erfindung gemacht. Seine Patente verkaufte er nicht, sondern benützte sie dazu, seine kleine Präzisionswerkstätte zu einer recht ansehnlichen Fabrik auszubauen, die ihre Produkte weltweit erfolgreich absetzte. Schliesslich beschäftigte Herbert Gross

27

5000 Mitarbeiter. Auch nach dem Kriege gelang es ihm, mit neuen Erfindungen und Patenten sein Produkt weltweit in den Spitzenrängen zu halten. Er wurde damit sehr reich, und da er bei verschiedenen technischen Hochschulen die Hoffnung wecken konnte, er werde einzelnen Professoren mit Spenden die Einrichtung neuer Institute ermöglichen, bekam er auch in den Sechzigerjahren nacheinander zwei Ehrendoktoren. Eine kleinere TH ernannte ihn sogar zum Honorarprofessor. Man kann sich vorstellen, dass Prof. Dr. Dr. h. c. Herbert Gross im Rückblick auf seine Laufbahn ein sehr gesundes Selbstbewusstsein entwickelt hat. Dies führte u. a. dazu, dass er erst im Alter von 70 Jahren anfing, darüber nachzudenken, wer in seiner Firma sein Nachfolger werden solle. Seine Tochter, nunmehr 40 Jahre alt, war seit 15 Jahren mit einem bekannten Opernsänger verheiratet und hatte drei Kinder im Alter von 5—13 Jahren, das älteste ein Junge. Natürlich dachte Herbert Gross daran, seinem Enkel dermaleinst ein blühendes Unternehmen zu hinterlassen. Die Frage war nur, wie die Spanne zwischen Herbert Gross' Tod — an den er auch hin und wieder einmal dachte — und dem Zeitpunkt, in dem der Enkel wirklich fähig wäre, einem solchen Unternehmen vorzustehen, überbrückt werden könne.

Gross entschloss sich daher, nach Gesprächen mit Freunden im Country-Club und mit seiner ihm auch intim verbundenen Sekretärin, einen Top-Manager, der sich durch grosse Erfolge ausgezeichnet hatte, bei der Konkurrenz abzuwerben und als Statthalter einzusetzen. Die Wahl fiel auf Dr. ing. Hans Weber aus Wanne-Eikel. Die beiden wurden sich rasch einig, weil Dr. Weber mit einem Schritt sein Einkommen von 500 000 Mark auf 700 000 Mark verbessern konnte — ein solches Angebot gab es damals in der ganzen Bundesrepublik kein zweites Mal. Auch Dr. Gross war stolz darauf, einen Manager zu haben, der wirklich gut bezahlt war, so dass jeder sah, er, Gross, konnte sich dies leisten.

Die Wahl war glücklich; Dr. Weber war als Branchenkenner innerhalb kurzer Zeit über alle Vorgänge im Unternehmen und dessen Struktur im Bild. So geschah es, dass er schon drei Monate später, nachdem er sich speziell um das firmeninterne Entwicklungspotential gekümmert hatte, mit einem Konzeptpapier anrückte, nach dessen Lektüre Herbert Gross nur deshalb nicht einem Herzanfall erlag, weil er ihn in einen Wutanfall umfunktionierte. Da wollte doch der frischgebackene Kerl ihm weismachen, er müsse sein Lebenswerk der Konkurrenz verkaufen, und erst noch an Japaner! Und mit was für einer lausigen Begründung! In dem Papier stand:

«Unsere drei Hauptkonkurrenten, zwei in den USA, einer in Japan, beschäftigen im Sektor Forschung und Entwicklung je rund 100 Spezialisten, wir dagegen nur 12. Diese 300 Spezialisten der Konkurrenz werden zwangsläufig die Produkte-Innovation so schnell vorantreiben, dass wir auf längere Sicht mit unseren 12, wenn auch höher qualifizierten Spezialisten der Konkurrenz nicht mehr gewachsen sein werden. Das heisst: Spätestens in 10—15 Jahren werden wir vom Markt verdrängt sein, und dies wiederum bedeutet, dass der Generationenwechsel in der Führungsspitze der Firma nicht gewährleistet werden kann. Um die Substanz Ihres Lebenswerkes zu erhalten, schlage ich vor, dass Sie jetzt, in einer Phase, in der das Unternehmen noch kerngesund ist, Fusionsverhandlungen mit dem japanischen Konkurrenten in Osaka, Mikimara, aufnehmen.»

Bei diesem Vorschlag war Dr. Weber, ganz nach den Gesetzen der Manager, nicht völlig uneigennützig gewesen. Zwar war es richtig, was er in seinem Papier schrieb; zugleich aber dachte er natürlich auch an sein eigenes Wohl. Mit der japanischen Konkurrenz hatte er bereits vorsichtig Kontakte aufgenommen, deren lebhaftes Interesse festgestellt und dabei für sich die Vorstellung entwickelt, dass er in einem fusionierten Konzern von weit grösseren Ausmassen der Spitzenmanager für Deutschland und Europa würde. Insoweit also lief sein Interesse durchaus parallel mit dem Interesse des Unternehmens, dem er diente. Ehrlicherweise muss aber gesagt werden: Dr. Weber würde seinen Vorschlag sicherlicn nicht gemacht haben, wenn ihm die Japaner zu verstehen gegeben hätten, es sei bereits ein anderer Manager für die von ihm nach einer Fusion angestrebte Position vorgesehen.

Als Weber am folgenden Tag bei der Intimsekretärin von Gross vorbeischaute, um zu hören, wie der Alte das Papier aufgenommen habe, geriet er in eine peinliche Situation. Dem Heulen nahe, überschüttete ihn Sonja, inzwischen auch schon fast 50 Jahre alt, mit Vorwürfen: «Wie können Sie es wagen, die Liquidation unseres Unternehmens, mit dem wir so fest verwachsen sind, vorzuschlagen, ohne jeden vernünftigen Grund; denn die Gewinne sind ja in den letzten Jahren ständig gestiegen. Und dabei war *ich* es noch, die dem Chef vorgeschlagen hat, ausgerechnet Sie unter den verschiedenen Bewerbern auszuwählen. Wie konnte ich nur so dumm sein!»

Gross rief den nun schon ziemlich eingeschüchterten Dr. Weber in sein Büro. Gross war wütend gewesen, dann fast verzweifelt, jetzt aber wieder ganz gefasst.

«Herr Dr. Weber, Sie sind die grösste Enttäuschung meines Lebens. Ich wollte keinen Liquidator und schon gar nicht einen Totengräber anstellen, sondern einen Mann, der das Unternehmen auf dem bisherigen Wege weiter nach oben führt. Es dürfte auch Ihnen klar sein, dass eine Zusammenarbeit zwischen uns sinnlos geworden ist. Sie werden verstehen, ich bin jetzt nicht in der Lage, über Ihre Abgangsentschädigung zu verhandeln, aber bitte, räumen Sie heute noch Ihr Büro. Ich kann Sie nicht mehr sehen.»

Webers Karriere als Manager war vorläufig beendet. Er fand während mehrerer Jahre keine

Stelle mehr, nicht zuletzt deswegen, weil Herbert Gross, hasserfüllt, da zutiefst im Stolz auf sein Lebenswerk getroffen, bei befreundeten Unternehmern dafür sorgte, dass Dr. Weber als Versager galt. Immerhin konnte Weber später in einer anderen Branche einen etwas bescheideneren Posten bekommen, und schliesslich, nach 10 Jahren, widerfuhr ihm die grosse Genugtuung, mitanzusehen, wie die Firma Herbert Gross nach mehreren verlustreichen Jahren und erfolglosen Sanierungsversuchen, nachdem sich natürlich auch die Banken vom Unternehmen distanziert hatten, im Jahre 1981 an eben jene Japaner verkauft wurde, die Weber seinerzeit ins Gespräch gebracht hatte, nun jedoch zum Preise von nur noch 20 Mio Mark, während damals, da war Weber sicher, für sie gut das Zehnfache zu haben gewesen wäre. Ausserdem hatten inzwischen Redimensionierungen zum Verlust von 3000 Arbeitsplätzen geführt. Besonders wohl tat es Dr. Weber, dass Herr Prof. Dr. h. c. Dr. h. c. Herbert Gross dies alles noch zu Lebzeiten mitmachen musste; er ist dann aber ziemlich bald darauf gestorben, immerhin im gesegneten Alter von 81 Jahren.

Es ist nicht zu verkennen, dass Dr. Weber bei aller anerkennenswerten teilweisen Ehrlichkeit doch einige gravierende Fehler gemacht hat. Er kannte zwar das Unternehmen und dessen Zukunftschancen sehr genau, nicht aber den Chef. Hätte er ihn besser gekannt, so wäre er wahrscheinlich ganz anders vorgegangen, wenn er nicht überhaupt auf seine Zielvorstellung verzichtet hätte. Zunächst hätte er den big boss sorgfältig psychologisch vorbereiten und dann namentlich auch mit dem Erben Verbindung aufnehmen und eine Koalition bilden sollen. Dann wäre es ihm vielleicht, vielleicht gelungen, dem grossen Gross den Blick nach vorn zu öffnen und ihn etwas davon abzubringen, nur immer von seinen früheren Erfolgen fasziniert zu sein. Aber bei Gross wäre auch diese Variante ziemlich unwahrscheinlich gewesen.

Ganz anders hätte es der 50jährige und schon etwas abgeklärtere Dr. Meier-Savigny gemacht. Dieser hätte nicht nur die Firma, sondern vor allem den Boss studiert. Er wäre, die Firma betreffend, zu den gleichen Schlüssen gekommen wie Dr. Weber, doch hätte er sofort eingesehen, dass ein so radikaler Vorschlag, wie ihn Dr. Weber machte, beim Boss nie ankommen würde. Also hätte er sich auf seine eigenen Interessen besonnen und dem Chef vorgeschlagen, z. B. drei hochqualifizierte junge Ingenieure für die Forschungs- und Entwicklungsabteilung zusätzlich einzustellen, um der drohenden Überrundung durch die Konkurrenz zuvorzukommen. Der Chef hätte dies sofort akzeptiert und Dr. Meier-Savigny für einen sehr fähigen und loyalen Mitarbeiter gehalten. Sich selber hätte Dr. Meier-Savigny gesagt: Die nächsten zehn Jahre kann ich in dieser Firma noch bleiben, bis die ersten roten Zahlen auftauchen. Dann werden die anderen weitersehen können. Dr. Meier-Savigny hätte sich also ganz ähnlich verhalten wie die 50jährigen Männer im

Vorstand von Chrysler, die die Konstruktion eines compact cars vorschlugen, obwohl sie wussten, dass damit die Pleite der Firma nicht abgewandt werden konnte. Leider muss man sagen, dass das Verhalten von Dr. Meier-Savigny das typische ist und das Verhalten von Dr. Weber das untypische.

Das Gesetz, nach dem Prof. Dr. h. c. Dr. h. c. Herbert Gross unterging, ist freilich ein ganz anderes als dasjenige der 50jährigen Männer bei Chrysler und General Motors. Die 50jährigen Männer bei Chrysler und General Motors haben eindeutig und bewusst gegen das Interesse ihrer Firma gehandelt; auch Gross hat gegen das Interesse seiner Firma verstossen, jedoch aus ganz anderen Gründen. Bei ihm beruhte die Unfähigkeit, den wirtschaftlich optimalen Entscheid zu treffen, nicht auf der Kollision zwischen dem Interesse des Managers und dem Interesse der Firma, sondern auf einem in ihm selbst angelegten Zwiespalt. Sein Stolz gestattete es ihm nicht, sich von seinem Lebenswerk zu trennen, bevor er dies dann doch, und nun unter demütigenden Umständen, tun musste. Gross verhielt sich wie ein Patient, der einfach nicht wahrhaben will, dass er krank ist, und der eine ärztlich notwendige Operation immer wieder hinausschiebt, bis schliesslich die Krankheit so schwer geworden ist, dass man sie entweder nicht mehr oder nur mit einer radikalen Amputation heilen kann.

Sollte sich der Leser für die wirtschaftlichen Gründe dieses Phänomens interessieren, so können wir ihm mitteilen, dass auch hier eine Gesetzmässigkeit herrscht. Gross hatte eine Kamera erfunden mit einer neuen Linsentechnik und Spiegelreflex. Inzwischen besteht eine Kamera aus einer ganzen Reihe weiterer Techniken: Elektronik, Zeitmessung, Sucher, usw. Diese vielfältige Technik kann nur ein Grossunternehmen beherrschen, nicht aber die schliesslich doch zu kleine Einmanngesellschaft von Herbert Gross.

Die grauen Mäuse

Manche wundern sich unentwegt darüber, dass höchste Managerstellen bis hinauf in die Generaldirektion und in die Aufsichtsräte fast ausschliesslich mit Menschen besetzt sind, die man eigentlich nur negativ, durch die Eigenschaften, die ihnen fehlen, beschreiben kann. Die Engländer haben dafür einen allerdings nicht übersetzbaren Ausdruck: «just right». Wir nennen diese Menschen hier ‹die grauen Mäuse›. Die grauen Mäuse fahren keinen Sportwagen, sie haben kein Verhältnis mit einem Mannequin, sie tragen keine popigen Krawatten, sie haben höchstens einmal im Jahr einen Alkoholrausch, und dann auch keinen spektakulären. Die grauen Mäuse haben verhältnismässig kurzgeschnittenes Haar, wenn nicht eine Glatze, und tragen keinen Bart. Die graue Maus ist mit einer adretten Frau verheiratet, niemals mit einer exaltierten oder gar einer Emanze. Die graue Maus betreibt nur Sportarten, die teuer und z. T. sogar vornehm sind, welch letzteres man z. B. daran erkennt, dass auch Prinz Charles sie betreibt oder als Zuschauer geniesst. Diese Sportarten betreiben die grauen Mäuse nicht zum Vergnügen, wie sie überhaupt nichts zum Vergnügen tun, sondern um fit und in zu bleiben, fit für das Geschäft, versteht sich, und in für sich und die eigene Karriere. Der Mode folgt die graue Maus nur in sehr gemessenem Abstand, da die graue Maus ja Kontinuität gewährleisten muss, an langfristigen Überlegungen sich beteiligt und nicht kurzen Trends verfällt. Bei den Kindern stösst dann allerdings die Selbstkontrolle der grauen Mäuse manchmal auf Grenzen. Es kann durchaus vorkommen, sehr zum Leidwesen der grauen Maus, dass der Sohn einen Bart trägt und bei einer linken Partei engagiert ist. Davon wird im Freundeskreis der grauen Mäuse natürlich nicht gesprochen.

Übrigens: Die graue Maus *muss* verheiratet sein, wenn möglich mit der bereits erwähnten «adretten Frau»; ein Lediger kommt sofort in den Geruch der Homosexualität oder der neurotischen Bindungsunfähigkeit und Kontaktschwäche. Auf keinen Fall ist die graue Maus geschieden; Ehescheidungen sind im Kreis der grauen Mäuse noch verpönter als in der katholischen Kirche. Dieser Konformitätszwang kann sich zu grotesken Formen steigern. Es gibt den Fall des Generaldirektors einer Grossbank, der die falsche Frau geheiratet hatte und jahrelang in seiner Ehe schwere Leiden durchmachte. Schliesslich konsultierte er seine Kollegen aus der Generaldirektion, klagte ihnen sein Leid und erreichte, dass sie seiner Scheidung zustimmten. Erst darauf konnte er sich erleichtert zum Scheidungsrichter begeben. Der Rat der Kollegen gegenüber dem Scheidungskandidaten lag natürlich strikt im Interesse des Unternehmens: Ein Manager, der zu Hause Probleme hat, ist nicht voll einsatzfähig.

Die Macht liegt in allen Managements bei den grauen Mäusen. Diese bilden die überwältigende Mehrzahl, und sie achten peinlich darauf, dass einer, der nicht zu ihnen gehört, also nicht auch eine graue Maus ist, nie oder nur unter grössten Schwierigkeiten in ihre Reihen vordringt. Warum eigentlich? Die Erklärung ist einfach. Die grauen Mäuse sind der festen, fast religiösen, letztlich wohl puritanischen Überzeugung, dass sie ihre ganze Arbeitskraft, ihr ganzes Denken und Fühlen dem Unternehmen gewidmet haben und dafür als Belohnung ein hohes Gehalt beziehen. Dieses Geld darf aber nicht zum eigenen Vergnügen verwendet werden, sondern wiederum nur pflichtbewusst in allgemein anerkannten Statussymbolen angelegt werden: einem Haus im Grünen, einem Ferienhaus zum Kräftesammeln, einem Mercedes und einem etwas kleineren Wagen für die Frau. Gestattet sind ferner alte Stiche an den Wänden, einige Antiquitäten, eventuell noch ein kleines, nicht zu billiges und nicht zu teures Hobby, wie etwa eine Münzen- oder Briefmarkensammlung. Die Frau trägt nur solchen Schmuck, der deutlich auf die feste eheliche Bindung hinweist, und nichts darüber hinaus, also einen schönen Brillantring von der Verlobung her, einen gediegenen Ehering und sonst noch ein paar unauffällige Stücke; niemals trägt sie Schmuck, der etwa das Auge eines Betrachters erquicken könnte. Die Frauen haben es überhaupt schwer. Sie müssen elegant, sehr gepflegt, dürfen sogar ein bisschen mondän sein, keinesfalls dem Hausmütterchen-Typ angehören; streng verboten ist jedoch jede Art von Extravaganz, besonders wenn damit zugleich Lebensfreude gezeigt wird. Der Schmuck darf höchstens soliden Anlagewert reflektieren, und auch das nur bis zu einem gewissen Grade. Mit einem Smaragdarmband im Werte von einer halben Million Franken würde die Frau der grauen Maus diese und sich selbst für immer unmöglich machen.

Seit einigen Jahren gehört es auch zum Bild der grauen Maus, dass sie Nichtraucher ist oder höchstens, auf dem Wege zum Nichtraucher, Pfeifenraucher. Früher waren die meisten Zigarettenraucher; die wenigen Pfeifenraucher galten als zu gemütlich, um in höhere Managerpositionen aufzurücken. Der Trend zum Nichtrauchen kommt aus Amerika und besteht erst seit etwa fünf Jahren; es gilt nun jemand, der nicht raucht, jedenfalls in den germanischen Ländern Europas, als seriös und willensstark, also auch qualifiziert für höchste Führungspositionen. In Frankreich ud Italien ist die Unsitte des Nichtrauchens schon deshalb nie eingerissen, weil in katholischen Ländern auf Selbstdisziplin nicht viel gegeben wird.

Nun wird sich der Leser fragen, wie sich denn die Manager eines grossen Zigarettenkonzerns dem Zigarettenrauchen gegenüber verhalten. Die Antwort lautet: In der Zigarettenindustrie muss selbst der Nichtraucher rauchen, und zwar eine derjenigen Zigarettenmarken, die der Konzern herstellt und vertreibt. Die

Liebe zum eigenen Produkt, der Gebrauch des eigenen Produktes ist für jeden Manager höchstes Gebot. Und dieses Gebot gilt sogar für Frau und Familie, was zu enormen Schwierigkeiten und Störungen führen kann, z. B. wenn die Frau des Managers eines Konzerns, der Tricotwaren herstellt, gezwungen ist, diese Tricotwaren mindestens immer dann zu tragen, wenn andere Firmenmitglieder zugegen sind. Die Produktentreue muss bis zur totalen Überforderung durchgehalten werden. Sie ist vor allem dort äusserst strapaziös, wo der vom Manager geleitete Konzern mit Absicht billige Massenware herstellt. Dann gerät sie in schärfste Kollision mit dem Statusbewusstsein des Managers, das er ja ebenfalls pflegen muss. Die Treue hat den Vorrang: der Manager eines Unternehmens, das nur Kleinautos produziert, wird, weit unter seinem Status, genau dieses Kleinauto fahren müssen und kein anderes. Dieses Opfer wird von ihm auf jeden Fall verlangt.

Besonders problematisch wird die Norm der Produktentreue dort, wo das Produkt gesundheitsschädlich ist und in einem gewissen Rufe der Unmoral steht, wie gerade bei den Zigaretten. Da bietet sich als Ausweg das Argument, man kämpfe eigentlich mit dem Produkt für die Gesundheit, indem man gerade in letzter Zeit die nikotinarme Zigarette forciere oder die kalorienarme Schokolade. Da in unserer inspirationslosen Zeit Gesundheit und Moral identisch geworden sind, findet das Gesundheitsargument immer breitere Verwendung, sogar bei den Pharmakonzernen, die lauthals betonen, dass sie gegen den Missbrauch von Schmerzmitteln und Tranquilizern usw. sind. Gegen die Rezeptpflicht *wehrt* man sich zunächst, solange es geht; vor allem ist man aber daran interessiert, dass die Pharmaka nur über Ärzte und Apotheker vertrieben werden können und nicht etwa im Warenhaus landen. Denn nur Ärzte und Apotheker bieten Gewähr dafür, dass das Produkt in verantwortlicher Weise gehandelt wird und dass die Gewinnspannen in verantwortlicher Weise hoch bleiben.

Auf einer etwas anderen, aber ebenfalls moralischen Ebene argumentieren z. B. die Grossbanken, wenn sie verlangen, dass das Kleinkreditgewerbe ausschliesslich von ihren Tochtergesellschaften betrieben wird. Nur Grossbanken sind bekanntlich durch und durch seriös. Natürlich wäre es nicht vornehm, wenn eine Grossbank das Kleinkreditgeschäft selber betriebe; aber ganz aus der Hand geben möchte sie es auch nicht — denn dort liegen grosse Gewinne —; also wird es von der etwas weniger vornehmen, aber doch immer noch seriösen Tochter betrieben.

Da es der grauen Maus verboten ist, irgendwelche auffälligen äusseren Statussymbole zu tragen, befindet sie sich in einem dauernden Frust; denn sie möchte ja doch, z. B. wenn sie in ein Restaurant geht, mühelos als wichtige Person erkannt und auch dementsprechend behandelt werden. Wie soll ein einfacher Kellner bei einer grauen Maus merken, dass es sich um eine VIP handelt? Udo Jürgens und jede Fernsehansagerin hat er natürlich schon gesehen, und er wird solche Personen sofort an den besten Tisch bitten. Nun kommt die viel wichtigere graue Maus und soll in einer hinteren Ecke plaziert werden. So etwas wird selbstverständlich nie geschehen, weil die graue Maus damit rechnet und es zu verhindern weiss. Da es äusserst unfein wäre, wenn Generaldirektor Greymouse, was allerdings bei weniger raffinierten Typen doch auch hin und wieder passiert, sich um den besten Tisch im Restaurant selbst raufte, indem er lauthals verkündete, welche Stellung er in der Wirtschaft einnimmt, muss er einen Umweg wählen und seinen Auftritt vorbereiten lassen, ganz anders als Udo oder Curd Jürgens, die eben schon wegen der Sichtbarkeit ihrer Prominenz auch im Restaurant an der richtigen Stelle plaziert werden. Generaldirektor Greymouse ist also gezwungen, seine Sekretärin zu beauftragen, im Restaurant den gewünschten besten Tisch telephonisch zu bestellen, indem sie ganz plump sagt, dass es sich bei dem Kunden um Generaldirektor Greymouse handelt. Erst wenn Greymouse zum zweiten Mal in dasselbe Restaurant kommt, wird ihn der Kellner wiedererkennen und so behandeln, wie er es verdient.

Früher waren diese Dinge wesentlich einfacher; da trug jeder, militärisch oder zivil, die Uniform, die seinem Stand entsprach. Da hatten auch die Kellner keine Probleme.

Wehe dem Generaldirektor, der versuchen wollte, sich durch besonders weltmännisches Gehabe, über das er ja tatsächlich verfügt, sich den besten Tisch im Restaurant sur place zu verschaffen Er würde sofort für einen Hochstapler gehalten werden, da über weltmännische Manieren bekanntlich Hochstapler besser verfügen als diejenigen, die sich mit Recht auf Weltmännertum berufen dürfen. Dies ist seine besondere Frustration: Er muss ständig erleben, dass Leute, die weit weniger Macht haben als er, z. B. ein Schlagersänger oder ein Fussballspieler, auf der normalen sozialen Ebene weit besser behandelt werden als er. Aber wir haben ja bereits gesagt, dass das Leben eines Managers zur Hauptsache aus Entbehrungen besteht.

Die grauen Mäuse werfen jedem, der nicht zu ihnen gehört, vor, dass er elementar gegen ihre ernsthaften Prinzipien verstösst. *Geniesst* dieser z. B. sein Einkommen, statt es nach Vorschrift in den akzeptierten Symbolen anzulegen, so beweist er dadurch, dass er kein ernsthafter und zuverlässiger Mensch ist. Wer einen Sportwagen fährt und mit schicken Freundinnen ausgeht, womöglich bis nach Mitternacht, der bringt die Opfer nicht, die von der Zunftordnung verlangt werden. Zugleich erregt er heimlichen oder offenen Neid; irgendwann wird man es ihm heimzahlen.

Wiederum müssen wir eine weitverbreitete und uns allen ans Herz gewachsene Vorstellung zerstören. Die freie Wirtschaft, meint man, lebt und wächst durch das Walten von vielen einfallsreichen, kreativen, unkonventionellen Typen, die eben wegen dieser ihrer Eigenschaften die Produktivität unserer Wirtschaft gewährleisten. Das Gegenteil ist leider der Fall. Zwar gibt es tatsächlich die kreativen, einfallsreichen und fleissigen Typen, sonst gäbe es eben auch nicht die immer neuen Produkte, mit denen unablässig neue wirkliche oder vermeintliche oder künstlich hervorgerufene Bedürfnisse befriedigt werden. Diese Typen aber haben praktisch nie Machtpositionen im Apparat eines Unternehmens inne; sie sind Aussenseiter, die irgendwo in einem Labor herumbasteln, aus lauter Spass an der eigenen Invention, oder sie stehen noch tiefer, sind junge Wissenschaftler oder Techniker, die Neues hervorbringen, weil sie Freude haben an ihrer eigenen schöpferischen Energie und an dem Werk, das ihnen nachher von den grauen Mäusen weggenommen und zur Vermarktung weitergegeben wird.

Die grauen Mäuse sind unproduktive, reine Machtverwalter. Die Macht ist ihr eigentliches Fachgebiet. Da kennen sie sich aus, viel besser als in den Produkten und in der kommerziellen Entwicklung der Firma. Ihre Arbeit ist denn auch fast zur Hälfte dem Power Play gewidmet. Nun möchte man meinen, die grauen Mäuse griffen unentwegt nach der Macht und lägen in einem ständigen Kampf aller gegen alle. So einfach verhält es sich freilich nicht.

Der Kampf unter den grauen Mäusen ist aus zwei Gründen sehr schwer zu beschreiben. Zum einen findet er nicht offen statt, sondern gewissermassen als Kalter Krieg; zum anderen kämpfen die grauen Mäuse nie wie Winkelried oder David und andere biblische Figuren als Einzelkämpfer, sondern immer nur im Verband. Jede graue Maus sucht sich, wenn sie etwas gegen Widerstand erreichen will, eine Koalition aus, von der sie glaubt, dass sie als stärkere Gruppe ihr ermöglichen könne, die Karriere zu fördern und mögliche Konkurrenten auszuschalten. Da alle höheren Positionen immer von mehreren begehrt werden und jeder der Petenten eine Koalition sucht, die ihn unterstützt, gibt es auch wie von selbst immer mindestens zwei Koalitionen, die sich bekämpfen. Der Kampf findet allerdings nicht offen statt, sondern wird im leisen Aufbau von Machtkonstellationen ausgetragen. Es muss gelingen, den Gegner ins Abseits zu manövrieren, nicht ins Jenseits. Das Ganze ist ein Stellungsspiel. Der offene Kampf findet deshalb fast nie statt, weil schon vorher die Konstellationen so klar sind, dass man weiss, wer den Kampf gewinnen und wer ihn verlieren würde.

Mit guten oder schlechten Leistungen hat das ganze Spiel natürlich überhaupt nichts zu tun. Wenn Direktor Broder sich in einer guten Koalition befindet, so wird er zum Generaldirektor befördert, auch wenn er zuvor Millionenverluste erwirtschaftet hat; denn die Koalition wird dem Aufsichtsrat die Verluste stets entweder verschleiern oder mit unabänderlichen Fakten wie Währungsschwankungen usw. erklären können. Ist Direktor Broder dagegen in der falschen Koalition, dann helfen ihm auch Millionengewinne nichts, die er in seiner Abteilung hat erarbeiten lassen; denn dann werden diese Gewinne dem Zufall oder sogar dem Verdienst seines Gegners zugeschrieben.

Der Zusammenhalt in einer Koalition hat schliesslich den ungeheuren Vorteil, dass bei Pannen, wie sie immer wieder vorkommen, die Verantwortung sich so verteilen lässt, dass sie nicht mehr lokalisierbar ist.

Es gibt zwei wichtige Situationen, in denen Macht errungen oder neu verteilt wird und in denen die grauen Mäuse immer die Gewinner sind.

Die erste Situation ist die, wo entschieden werden muss, welcher von den drei Direktoren Fröhlich, Ehrsam und Grauer zum Generaldirektor befördert werden soll. Der Aufsichtsrat, der natürlich mehrheitlich aus grauen Mäusen besteht, wird die Frage des langen und breiten diskutieren. Aufsichtsratmitglied Kühn, ein Aussenseiter, wie man sie sich manchmal geradezu als Luxus hält, vielleicht auch zur Tarnung, wird nicht ganz unerwartet Direktor Fröhlich vorschlagen, dessen Initiative, Dynamik, Originalität und Kreativität eigentlich allseitig unbestritten sind. Nun stellt sich freilich die Frage, wie es Direktor Fröhlich, obwohl er offensichtlich keine graue Maus ist, überhaupt zum Direktor gebracht hat. Hier spielen zwei Regeln: Die Alibiregel und das Leistungsprinzip. Einerseits wollen auch die grauen Mäuse nicht alles grau in grau haben und immer wieder darauf verweisen können, dass unter ihnen auch bunte Vögel sitzen. Andererseits ist das Unternehmen schliesslich doch auch auf echte Leistungen angewiesen, wie sie Direktor Fröhlich erbracht hat.

Im Aufsichtsrat läuft nun die Sache folgendermassen. Zunächst erklären mehrere Mitglieder, sie seien dem Vorschlag gar nicht abgeneigt, hätten ihn sogar selber machen wollen, wenn dies nicht Kühn schon getan hätte. Fröhlich wird von allen gelobt; herausgestrichen wird seine Dynamik, sein unkonventioneller Führungsstil, seine manchmal sehr joviale Art; er wäre für die Generaldirektion zweifellos im höchsten Masse qualifiziert. Allerdings dürfe man, sagt Aufsichtsrat Bitterli, Brillanz nicht unbedingt mit Dynamik verwechseln. Das heisse natürlich keineswegs, dass er den Herrn Fröhlich für einen Bluffer halte. (Jetzt steht und bleibt das Wort «Bluffer» im Raum.) Auf der anderen Seite müsse doch auch bedacht werden, dass der neue Generaldirektor zum Stil der allgemeinen Führung des Hauses passen müsse, was auf der höheren Führungsebene noch entscheidender sei als bei unteren Chargen. Aufsichtsrat Blass, ebenfalls eine graue Maus, hat vorher mit Direktor Fröhlich gesprochen und ihm in Aussicht gestellt, dass er sich in der Sitzung für ihn einsetzen werde. Da er nun sieht, dass die anderen grauen Mäuse im Aufsichtsrat gegen Fröhlich stimmen werden, ist es für ihn völlig gefahrlos geworden, sich seinem

Versprechen gemäss für Fröhlich zu verwenden:

«Also ich finde, wir können es uns schon einmal leisten, auch einen Typ in der Generaldirektion zu haben, der einen etwas weniger orthodoxen Stil pflegt, als wir es bisher gewohnt sind, der einen frischen Wind bringt und vielleicht eine gewisse Unruhe stiftet. Unruhe aber ist allemal schöpferisch. Wir dürfen also ruhig auch die nicht zu leugnende Sprunghaftigkeit von Direktor Fröhlich in Kauf nehmen, zumal er ja in einem Kollektiv, wie es die Generaldirektion nun einmal ist, in wichtigen Sachfragen immer überstimmt werden kann.»

Nun tritt die graue Maus Stark auf den Plan: «Wie ich Ihren Voten entnommen habe, meine Herren, verhehlen Sie nicht gewisse Bedenken gegenüber Herrn Direktor Fröhlich, die ich nun doch offen formulieren möchte. Herr Fröhlich mag ein brillanter Mann sein, ich möchte ihn keineswegs als Bluffer bezeichnen. Doch muss ich nun ganz deutlich sagen, dass Direktor Ehrsam (eine graue Maus) die Qualitäten von Fröhlich ebenfalls aufweist, wenn auch möglicherweise in weniger auffälliger Form. Meine Herren, wir alle haben die beiden Kandidaten seit gut fünf Jahren beobachten können, und wenn wir auf die Leistungen abstellen, so muss man doch zugeben, dass Herr Ehrsam in keiner Weise gegenüber Herrn Fröhlich abfällt. Nie ist eine Panne in seiner Abteilung vorgekommen — das gleiche lässt sich auch von Herrn Fröhlich sagen —, aber Sie müssen mit mir darin übereinstimmen, dass das Persönlichkeitsrisiko bei Herrn Ehrsam wesentlich geringer ist. Dass Herr Fröhlich einen Porsche fährt, stört mich nicht im geringsten; aber ich würde doch meinen, dass es nicht ganz zufällig ist, wenn er auch noch, wie wir alle wissen, familiäre Schwierigkeiten hat. Ich möchte nochmals betonen, dass dies für mich in keiner Weise ein entscheidender Punkt ist: Ich werde nicht gegen den Herrn Fröhlich stimmen, wohl aber für Herrn Ehrsam. Schliesslich sind auch die Zeiten, in denen wir leben, nicht für Experimente geeignet, und ich möchte notfalls zu Protokoll erklären, dass ich ganz entschieden für Herrn Ehrsam eingetreten bin.» Bei diesem Votum hatte der Redner reihum seinen Gesprächspartnern ernst in die Augen geschaut, was die Eindrücklichkeit seiner Ansprache effektvoll unterstrich. Zum Schluss sagte er: «Für mich und sicher auch für Sie, meine Herren, ist immer noch die Stabilität und kontinuierliche Weiterentwicklung des Unternehmens der oberste Wert. Mehr brauche ich wohl nicht zu sagen.»

Danach war es klar, dass die graue Maus Ehrsam zum Generaldirektor gewählt wurde.

Direktor Fröhlich reichte nach einem halben Jahr seine Kündigung ein. Er hatte den Wink verstanden. Natürlich wurde der leere Platz von einer noch ziemlich jungen grauen Maus eingenommen. Fröhlich selbst wurde Generaldirektor der europäischen Filiale eines expandierenden japanischen Unternehmens.

Der Aufsichtsrat des Unternehmens sah sich

in seiner mehrheitlichen Ansicht bestätigt, und selbst Herr Kühn hätte sich jetzt für den ehemaligen Direktor nicht mehr eingesetzt. Stark erklärte an der folgenden Sitzung, ausserhalb der Geschäftsordnung, versteht sich: «Ich komme mir vor wie der Reiter über den Bodensee — wenn Sie die Geschichte nicht kennen, werde ich sie Ihnen nachher erzählen — Gott sei Lob und Dank, haben wir Direktor Fröhlich damals nicht zum Generaldirektor gemacht. Wir haben Glück gehabt, meine Herren, dass mein Vorschlag, den Sie schliesslich zum Beschluss erhoben, durchgedrungen ist. Wie sich inzwischen gezeigt hat, hat Herr Fröhlich die beleidigte Leberwurst gespielt und nicht einmal die minimale Solidarität mit der Firma an den Tag gelegt, die wir auch beim letzten Mitarbeiter als selbstverständlich betrachten.» Stark hat dieses Votum, das ja hinterher eigentlich nichts mehr bewirken konnte, nicht ganz zufällig abgegeben. Er konnte damit seine Stellung im Aufsichtsrat um einiges stärken. Erstens würde Kühn mindestens auf absehbare Zeit keine unkonventionellen Vorschläge mehr unterbreiten, ohne sich zuvor der Zustimmung von Stark versichert zu haben, und zum zweiten konnte Stark auf einen weiteren Entscheid verweisen, bei dem er, wie alle glaubten, seine Weitsicht einmal mehr unter Beweis gestellt hatte.

Das zweite Szenario, bei dem die grauen Mäuse ihre Machtvorsprünge erreichen und ausbauen, ist dasjenige des Gruppenkampfes innerhalb eines Unternehmens. Dazu ein Fall.

In einem grossen Unternehmen der Maschinenindustrie gab es zwei grosse Gruppen von Aktionären und eine noch grössere Menge von Kleinaktionären. Auf die Kleinaktionäre kommt es in solchen Fällen überhaupt nicht an; ihre Stimmen sind ohnehin verloren oder laufen zu den Banken. Die eine Aktionärsgruppe mit 30% der Stimmen wurde von einer Grossbank angeführt; die andere Gruppe, mit etwa 20%, bildeten die Nachkommen der ursprünglichen Gründer. Die beiden Gruppen verstanden sich nicht, hatten verschiedene Vorstellungen über die weitere Entwicklung des Unternehmens, und beide versuchten, einen Mann ihres Vertrauens an die Spitze des Unternehmens zu bringen, der dann die Unternehmenspolitik in ihrem Sinne bestimmen würde. Solche Männer, die mit einem Unternehmen entschieden in eine bestimmte Richtung fahren, sind von Natur aus keine grauen Mäuse, sondern schwarze Wölfe oder bunte Vögel, wie man will. Natürlich wussten beide Gruppen, dass sie niemals einen schwarzen Wolf bzw. einen bunten Vogel der anderen Gruppe an der Spitze dulden könnten, weil sie dann ihre Macht verlören. Anderseits waren beide Gruppen einsichtig genug, das Unternehmen nicht an ihrem Streit zugrundegehen zu lassen. Es ist eine alte salomonische Bauernweisheit, dass man beim Streit um die Milchkuh diese nicht einfach in zwei Teile teilt, jedenfalls nicht, solange sie Milch gibt.

Die Kuh in unserem Falle gab noch Milch, doch wäre dies beinahe durch die graue Maus

verhindert worden, die später als Kompromiss-
kandidat der beiden Gruppen an die Spitze
berufen wurde. Es handelte sich um Herrn
Kummerer. Herr Kummerer war eine idealtypi-
sche graue Maus; nicht besonders befähigt, aber
solide. Als die beiden Aktionärsgruppen auf
einander losgingen und ihre Kandidaten präsen-
tierten, war Kummerer einer von fünf Generaldirektoren des Unternehmens, wahrscheinlich
der unauffälligste von allen. Er hatte sich nie für
eine bestimmte Aktionärsgruppe engagiert,
ebensowenig für eine bestimmte Unternehmenspolitik; in allen Fragen war er neutral.
Diese Neutralität hatte ihm schliesslich dazu
verholfen, von beiden streitenden Aktionärsgruppen akzeptiert und gewissermassen als
Schiedsrichter eingesetzt zu werden, ganz ähnlich wie manche streitenden Staaten die Schweiz
als Konferenzort wählen, weil sie angeblich
neutral ist. Auf Kummerer konnte man sich
einigen. Der Kompromiss war für die Aktionärsgruppen akzeptabel, für das Unternehmen
jedoch verheerend. Die graue Maus Kummerer
blieb auch als Spitze des Unternehmens eine
graue Maus, obwohl es dem Unternehmen nicht
mehr gut ging und klare Entscheidungen über
die weitere Unternehmenspolitik notwendig
gewesen wären. Solche schob die graue Maus
gemäss dem Gesetz der 50jährigen Männer vor
sich hin — die Aktionärsgruppen wurden mit
ungenauen Informationen beliefert und mit va-
gen Hoffnungen auf eine bessere Zukunft ver-
tröstet — und schliesslich kam das Unterneh-

men in die roten Zahlen, worüber die beiden Machtgruppen sich wunderten, obwohl sie es hätten voraussehen müssen.

Es kam dann eine ganz neue Wende: Die Aktienkurse fielen so tief, dass ein Spekulant das ganze Unternehmen aufkaufte und die graue Maus in die Wüste schickte.

Bald fand die graue Maus Kummerer jedoch auch in der Wüste eine Oase. Die Aktionärsgruppe Banken, der er nie weh getan hatte, erinnerte sich wohlwollend seiner und entsandte ihn als Spitzenmanager in ein neues (von der Grossbank abhängiges) *gesundes* Unternehmen, wo er kein Unheil anrichten kann und das er heute noch treulich verwaltet.

Die Headhunters

Letztes Ziel jedes Wirtschaftsmenschen ist es, verantwortungsvolle Funktionen zu übernehmen, ohne je die Konsequenzen dieser Verantwortung tragen zu müssen, wenn etwas schiefgeht. Diesen Traumjob haben die Headhunters erreicht, die sich selber Management-Consultants nennen und auch so genannt sein wollen. Während die eigentlichen und echten Management-Consultants teilweise eine ernsthafte Aufgabe wahrnehmen, indem sie z. B. leitenden Unternehmen manchmal richtige, manchmal falsche Rezepte verschreiben, sind die Headhunters reine Menschenhändler, wobei wir davon ausgehen, dass auch Manager Menschen sind.

Wie alles, was mit Vermarktung (engl.: Marketing) zu tun hat, sind auch die Headhunters, unaufhaltsam wie Coca-Cola und MacDonald's, ursprünglich von den USA nach Europa gekommen. Man kann sogar sagen, dass die Headhunters anfänglich, als es fremde Märkte noch zu erobern galt, eine gewisse Funktion hatten, weil die grossen amerikanischen Konzerne, die zuerst im eigenen Land, später in fremden Ländern expandieren wollten, keine Leute hatten, die sich auf den fremden Märkten und den damit verbundenen Umständen wie Sprache, Politik, Korruption usw. auskannten. Aus diesem Bedürfnis entstand der Beruf des Headhunters, der am Ort die nötigen Beziehungen hatte oder erwarb, um die örtlichen Manager zu rekrutieren, die sich eben in Sprache, Politik, Korruption usw. auskannten. Fremde Länder lassen sich nur erobern, wenn zuvor Kundschafter ausgeschickt und Überläufer gefunden worden sind. Zuerst muss jemand da sein, der die Leute kennt, und dann erst können die kommen, die sie beherrschen. Die Headhunters übernehmen die Aufgabe des Auskundschaftens, und sie sind es, die die Überläufer aus dem örtlichen Management finden, die bereit sind, zu besseren Bedingungen für die Eroberer zu arbeiten.

Ohne die Kundschafter und Überläufer kann ein fremder Markt nicht erobert werden. Man kann nicht einfach von einem Tag auf den anderen von Amerika aus in Deutschland oder Frankreich Coca-Cola verkaufen. Bei den Deutschen würde das vielleicht noch irgendwie funktionieren, bei den Franzosen aber keineswegs. Also muss jemand da sein, der den Franzosen Coca-Cola auf französisch näher bringt, es gewissermassen geschmacklich ins Französische übersetzt und ausserdem noch die immensen Schwierigkeiten mit den Behörden überwindet, die immer nationalistisch und fremdenfeindlich sind, nicht nur in Frankreich, sondern sogar in Deutschland, von der Schweiz ganz zu schweigen.

Was machen die Spione, wenn das Land, das sie ausgekundschaftet haben, erobert ist? Meistens werden sie auf irgendeine unauffällige Weise beseitigt. Nicht so die Headhunters. Während der Spion nicht mehr nötig ist, nachdem er seinen Dienst getan hat, sind die Headhunters immer noch unentbehrlich. Sie dienen nunmehr dazu, Alibi-Reaktionen abzusichern. Wenn ein Topmanager vor der Frage steht, welchen von 15 Bewerbern um einen Direktorenposten er einstellen soll, muss er von vorneherein daran denken, dass er, falls der neue Mann sich nicht bewährt, die Verantwortung auf einen anderen abschieben kann. Dafür stellen sich die Headhunters zur Verfügung. Ausserdem kann mittels des Headhunters Objektivität vorgetäuscht werden, besonders dann, wenn man einen persönlichen Günstling protegieren will. Dann wird man dem Headhunter zu verstehen geben, dass er den Günstling doch mindestens in die engere Wahl ziehen solle; natürlich wolle man seinen Entscheid in keiner Weise beeinflussen. Der Headhunter weiss dann genau, was er zu tun hat. Der Günstling wird vorgeschlagen und bekommt den Posten.

Mit zunehmender Grösse und Unübersichtlichkeit der wirtschaftlichen Konzerne werden die «Entscheidungsabnehmer» und «Alibiträger», von denen die Headhunters neben den echten Management-Consultants die wichtigsten sind, immer mehr Gewicht bekommen.

Nehmen wir das Beispiel von Erwin C. Keller. Erwin C. Keller war in seinen jungen Jahren eher weniger bedeutend als Gleichaltrige, aber cleverer, und er dachte sich bei den Vorgängen, die er beobachtete, und dies waren ausschliesslich Geldsachen, eine ganze Menge. Erwin — den zweiten, nur als Initiale existierenden Vornahmen legte er sich erst später zu — sah, dass überall, wo wirkliche Macht ausgeübt und Geld gemacht wurde, graue Mäuse sassen und dass überall die bunten Vögel zwar das Futter brachten, aber immer auch nur für die grauen Mäuse. Erwin richtete sich wie jedes Lebewesen, das überleben will, nach den Futterstellen aus. Seine spätere Berufserfahrung als Headhunter war die: wo immer er bunte Vögel präsentierte, wurden diese vom Management abgeschossen. Und wo immer er graue Mäuse vorzeigte, hatten diese Erfolg. Damit fand Erwin C. Keller zu seiner Lebensweisheit: Es lohnt sich nicht, bunte Vögel oder sonstwie originelle Typen zu präsentieren, sondern Erfolg hast du nur mit grauen Mäusen. Danach richtet sich auch seine Geschäftspolitik: nur graue Mäuse präsentieren, bunte Vögel höchstens in Reserve halten für irgendwelche spinnigen Alleinherrscher, die sich solche noch leisten können. Bei alledem weiss Keller nicht, dass er in einer Art von Recycling durch das Hin- und Herschieben von grauen Mäusen das System der grauen Mäuse zementiert und total abdichtet. Vielmehr vermeint er, den Unternehmen, die er mit grauen Mäusen versorgt, Blutauffrischungen zu verordnen. Aber solche Illusionen gehören zu jedem Managerdasein.

Zugleich verhält er sich dabei wie die 50jährigen Männer: Es fällt ihm zwar gar nicht ein, so zu denken, aber wenn er es täte, würde er sich sagen: Was soll ich den Unternehmungen Leute mit Dynamik und Kreativität aufdrängen, wenn die Unternehmen diese gar nicht wollen, weil sie eben von grauen Mäusen beherrscht sind. Und graue Mäuse wollen graue Mäuse.

Keller wird sich auch nie eingestehen, dass seine Tätigkeit, gesamtwirtschaftlich gesehen, völlig nutzlos ist. Da er nicht einmal den Einfall, geschweige denn den Mut hat, den Kreislauf der grauen Mäuse zu unterbrechen, verpasst er auch die einzige Möglichkeit, seiner Tätigkeit einen gewissen Sinn zu geben. Was er betreibt, ist eigentlich nur ein Karussell: es kommen immer wieder dieselben Tiere.

Dabei geht es ihm selbst natürlich glänzend. Und zwar in jeder Situation. Er verdient am Boom, und er verdient an der Rezession. Im Boom werden zusätzlich Führungskräfte gebraucht; in der Rezession werden Führungskräfte, denen man die Sündenbockrolle zuschiebt, gefeuert und anderswo von Keller wieder untergebracht, wo sie die gleichen Fehler erneut begehen können, vorausgesetzt, sie haben überhaupt Fehler begangen. Dabei verdient Keller gleich zweimal: Er kassiert für die Ersetzung des Sündenbocks, und er kassiert vom Unternehmen, an das er den gefeuerten Sündenbock weitervermittelt.

Startbedingungen und Aufstieg

Um Topmanager zu werden, muss man von Eltern abstammen, die einem eine Ausbildung verschaffen, in der Hoffnung, der Sohn werde es weiter bringen als man selbst. Der Weg führt über das Gymnasium zum Abitur und nachher unbedingt über das juristische oder das ökonomische Studium.

Wer aus begütertem Hause kommt — der Vater war schon oder ist noch Topmanager — hat an sich ideale Startbedingungen, ist aber weniger motiviert, diesen Aufstieg, der normalerweise zum Topmanager führt, zu unternehmen. Wer in einer Villa mit Gemäldesammlung aufgewachsen ist, wird weniger den Ehrgeiz entwickeln, sich diese Dinge zuzulegen, die er schon hat.

Für das Unternehmen ist es gut, wenn der Manager ein Aufsteiger ist, der sich nach allen jenen Statussymbolen sehnt, die er noch nicht besitzt und die er nur erwerben kann, wenn er durch ständige Anpassung und fleissigen Dienst in der Firma hinaufstrebt. Der Aufsteiger ist erpressbar, weil er hungrig ist nach immer mehr Geld und mehr Macht, und so pflegte Erwin C. Keller zu sagen: Die Leute, die ich vermittle, müssen hungrig sein.

Der Sohn eines Topmanagers ist nicht hungrig. Auf der anderen Seite fehlt ihm auch die

Motivation des Sohnes eines Einmannunternehmens, nämlich das Dynastiegefühl. Der Sohn des Eigentümers des Einmannunternehmens braucht natürlich nicht aufzusteigen und will es auch nicht — er ist ja schon oben —, aber er wird sich mit ähnlichem Eifer wie sein Vater dem Unternehmen widmen, weil er das Erbe weitertragen will. Der Vater jagt ihn nur durch eine Pseudokarriere im Unternehmen, um sagen zu können, sein Sohn habe von der Pike auf gedient und sei keineswegs als Erbe hochgekommen. Damit die Fiktion der Scheinkarriere beim Publikum möglichst gut ankommt, wird der Vater den Sohn womöglich noch tiefer unten anfangen lassen als irgendeinen anderen, z. B. in der Packerei oder als Magaziner im Lagerhaus, also in einer Position, in die ein aussenstehender Aufsteiger nie gedrängt würde. Das ganze ist für den Kenner natürlich ein reines Theater. So weiss z. B. der Chef des Lagers genau, wie er mit dem Sohn des Eigentümers umzugehen hat, obwohl ihm der Vater deutlich eingeschärft hat, er solle den Sohn auf keinen Fall schonen, sondern ihn besonders hart drannehmen. Obwohl für den Sohn die Zeit im Lager ursprünglich auf zwei Monate bemessen war, kommt der Lagerchef schon nach sechs Wochen zum Vater und erklärt ihm: «Herr Doktor Heimann, ich kann Ihnen nur die höchsten Komplimente machen über Ihren Sohn; er hat längst alles begriffen und kann bei mir eigentlich nichts mehr lernen. Wir alle würden ihn gerne bei uns behalten, wegen seines netten Wesens und der tipptoppen Arbeit, die er leistet; aber ich muss Ihnen offen sagen, dass jede weitere Zeit bei uns für ihn vertan wäre.» Diesen Argumenten kann sich auch Dr. Heimann senior nicht widersetzen, und so wird der Junior sogleich bei der EDV-Abteilung eingestellt, wo sich nach kurzem der gleiche Vorgang wiederholt.

Dafür hat nun der Lagerchef wieder die Gelegenheit, zu seinem täglichen Neunuhrbier zurückzukehren, und es macht auch nichts mehr aus, wenn er hin und wieder einer der jungen hübschen Arbeiterinnen im Lager einen väterlichen Klaps auf das Gesäss versetzt, wenn sie sich gerade bückt, um einen Karton aufzuladen.

Doch kehren wir zurück zum Normalfall des künftigen Managers, der von draussen kommt. Kurt Schneider, Sohn eines kleinen Postbeamten, hatte sein Schlüsselerlebnis im Gymnasium. Kurt befreundete sich mit Hans-Joachim, Gerd und Günther; die vier bildeten bald eine Gruppe, die meistens zusammenhielt. Zufällig, und doch nicht ganz zufällig, waren die Väter von Hans-Joachim, Gerd und Günther Direktoren oder Generaldirektoren in grösseren Unternehmen. Zu der Gruppe gehörte übrigens auch noch der Klassenprimus, zugleich der beste in der Handballmannschaft, Fritz, Sohn eines ziemlich bekannten Gewerkschafters. Die fünf trafen sich öfters bei Hans-Joachim, Gerd oder Günther zu Hause, im Sommer am Swimmingpool, im Winter zum Skifahren. Kurt war nicht nur tief beeindruckt von der gepflegten

Häuslichkeit, die er bei den Eltern von Hans-Joachim, Gerd und Günther antraf, sondern fand besonders Gefallen daran, dass diese Leute so tolerant waren, ihn und Fritz einzuladen. Einmal hatte Kurt Gelegenheit, zwei Urlaubswochen mit Hans-Joachim und dessen Eltern in dem hübschen Bauernhaus zu verbringen, das Hans-Joachims Vater kürzlich hatte als Ferienhaus renovieren lassen. Der erste Abend ist Kurt für immer im Gedächtnis geblieben. Hans-Joachims Vater zeigte ihm das ganze Haus, vor allem auch jene Stellen, an denen er selber in seiner seltenen Freizeit Hand angelegt hatte, und dabei liess er die Bemerkung fallen: «Weisst du, das alles ist ja sehr schön, aber das ist mir nicht etwa in den Schoss gefallen, sondern dafür habe ich viele Jahre lang unter vielen Opfern hart arbeiten müssen. Wie dein Vater war auch mein Vater ein kleiner Beamter, der sich mein Studium vom Munde absparen musste. Du siehst, auch heute noch steht dem Tüchtigen die Welt offen; wir leben in einer demokratischen Gesellschaft, wo echte Leistungen wirklich belohnt werden und wo jeder auch von ganz unten nach oben kommen kann, wenn er die erforderlichen Leistungen erbringt; darauf allerdings kommt es an. Du wirst gesehen haben, dass ich hier auch nicht eigentlich im Urlaub bin, sondern mich in Klausur befinde, um die Geschäftspolitik unseres Unternehmens für die nächsten Jahre zu entwerfen.»

Kurt war total fasziniert von Hans-Joachims altem Herrn, von seiner Umgänglichkeit, seiner

Sportlichkeit, konnte der doch immer noch beim Langlauf und beim Radfahren mithalten. Und er sprach auch ganz offen über seine eigene Karriere: «Wenn ich so zurückdenke, so muss ich sagen, das Wichtigste war wohl, dass ich Jura studiert habe; da hat man einfach das breiteste Spektrum; heute würde man wohl auch noch ein wirtschaftswissenschaftliches Studium als geeignet ansehen. Wenn ich so überlege, was aus meinen Studienkollegen geworden ist, muss ich feststellen, dass jene, die Ingenieur- oder Naturwissenschaften studiert haben, in keinem Betrieb über mittlere Positionen hinausgekommen sind; aber da muss man natürlich ganz andere Neigungen und Fähigkeiten haben.»

Hans-Joachims Vater hat Kurt auch darauf aufmerksam gemacht, dass er seinen mathematisch-naturwissenschaftlichen Neigungen nicht zu sehr nachgeben dürfe, indem er beispielsweise an einer Technischen Hochschule studierte. Damit könne Kurt in einem Konzern höchstens Produktionschef werden, als solcher aber niemals an die Spitze kommen. Das gleiche gelte für die Abteilungen Entwicklung und Forschung; auch hier handle es sich um Sackgassen für Spezialisten. «Wirkliche Aussichten hast du nur in den Abteilungen Finanz oder Marketing; alles übrige würde ich als zu kurze Leitern bezeichnen, auf denen man nicht in die oberen Stockwerke gelangt. Ideal wäre es natürlich für dich, wenn du zunächst, deinen Neigungen folgend, Diplomingenieur würdest auf dem Gebiet der Physik oder der Chemie; bloss nicht etwa Maschinenbau, das sind auch nur bessere Schlosser. Dann aber müsstest du dich nach diesem Studium dazu entschliessen, noch Jura oder Wirtschaftswissenschaften zu studieren; aber ein so lange dauerndes Doppelstudium wird dein Vater dir wohl kaum finanzieren können. Sonst aber hättest du mit dem Doppelstudium eine geradezu phantastische Ausgangsposition und könntest deine Karriere erheblich abkürzen, es auch fast mit Sicherheit an die Spitze bringen. Z. B. kenne ich einen Kollegen in der Generaldirektion der Virus AG, der nicht nur sieben Jahre jünger ist als die anderen Generaldirektoren, sondern sich dank seinem Doppelstudium in Chemie und Jura sogar in die Lage versetzt hat, seinem Kollegen in der Produktion dauernd dreinreden zu können, und dies erst noch in höchst kompetenter Weise, wie mir überall bestätigt worden ist. Weisst du, Kurt, ich selber hätte meine Karriere so aufgebaut; aber mein Vater konnte mir keine zwei Studien zahlen, sowenig wie deiner es kann. Ausserdem war ich damals zu sehr darauf erpicht, doch endlich einmal Geld zu verdienen. Hätte ich aber gesehen, was ich heute sehe, dann hätte ich eine etwas längere Durststrecke am Anfang in Kauf genommen, um später sehr viel rascher in die hohen Positionen zu kommen als meine Kollegen. Die vier Jahre an der Technischen Hochschule hätten meine Karriere zur Spitze hin um mindestens acht Jahre verkürzt.»

Natürlich wird der Ratschlag von Hans-Joachims Vater praktisch nie befolgt, und zwar weniger, weil die Eltern für ein Doppelstudium kein Geld und kein Verständnis haben, sondern vielmehr weil der Aufsteiger bei aller Verzichtbereitschaft *so* lange Entbehrungen auf keinen Fall auf sich nehmen will. Überall treffen wir wieder auf das gleiche Phänomen, beim jungen Aufsteiger, im Vorstand von Chrysler, im Management überhaupt: alle suchen sie kurzfristige Erfolge, und alle fürchten sie sich davor, eine Durststrecke für das Unternehmen und sich selbst durchstehen zu müssen, auch wenn dies zum Wohl des Unternehmens notwendig sein sollte.

Leider muss gesagt werden, dass die Zielsetzungen überall sehr kurz sind: buy now, pay later (für Lateiner: carpe diem).

Natürlich gab es in der Klasse von Kurt auch eine Gruppe von politisch links engagierten Jungen und Mädchen, mit denen Kurt nur lose Kontakte pflegte; die politischen Dinge interessierten ihn nicht besonders, und die sozialistischen Gedankengänge waren ihm zu abstrakt, zu wenig praktisch und zu kompliziert. Dass die freie Marktwirtschaft auch sozial ist, zeigt sich doch daran, dass Fritz, obwohl Sohn eines Gewerkschafters, bei den Eltern von Hans-Joachim, Gerd und Günther genauso freundlich aufgenommen wird, wie jeder andere nette Junge auch.

So hatte Kurt bereits, wenn auch noch nicht in genau bewussten Konturen, den Sinn des Alibiarguments erfasst. Wie der Vater von Hans-Joachim möglicherweise dachte, es sei gar nicht schlecht, wenn sein Sohn mit dem Sohn eines Gewerkschafters befreundet sei, so dachte auch Kurt in seiner Politpubertät.

Nach dem Abitur entschloss sich Kurt zum Studium der Wirtschaftswissenschaften, und er brachte dank gutem Fleiss einen recht anständigen Abschluss zustande. Dies ermöglichte es ihm, beim bekannten Betriebswissenschaftler Professor Hanemann eine Dissertation zu schreiben über das Thema «Simulationsmodelle als Instrumente der Unternehmensführung». Sehr viel später — jetzt konnte Kurt das noch nicht wissen — sollte sich dieses Thema als ein grosser Glücksfall für ihn erweisen; denn als Spezialist für Simulationsspiele konnte er später beim Aufbau seiner Karriere mehrere seiner Konkurrenten mit Planspielen austricksen.

Nun war Kurt Schneider Ökonom mit Abschluss und sogar Doktor noch dazu. Ohne den Doktortitel wären seine Aufstiegschancen — das wusste er, und das war allgemein bekannt — wesentlich geringer gewesen. Aber auch der Doktortitel ersparte ihm nicht die Stellensuche. Auf zehn Annoncen in angesehenen Zeitungen hin schrieb er die übliche Bewerbung. Von fünf Firmen erhielt er sofort eine Absage; drei Betriebe kamen für ihn nicht in Frage, weil sie keine interessante Position boten; übrig blieben die Offerten des multinationalen Chemiekonzerns Pandora AG und der Import-Export-Firma Klein & Krämer GmbH. Mit beiden trat Schneider in Anstellungsgespräche ein. Und nun geriet er vor ein echtes Dilemma. Klein & Krämer boten ihm eine Stelle als rechte Hand des Firmenchefs an mit einem Anfangsgehalt von DM 50 000.– im Jahr und der Aussicht, schon bald Prokurist zu werden. Die Pandora AG offerierte ihm, offensichtlich mit Rücksicht auf das von ihm bearbeitete Dissertationsthema, eine Stelle in der Planungsabteilung mit einem Anfangsgehalt von DM 30 000.– im Jahr und ohne jede weitere Zusicherung für die Zukunft. Beinahe hätte Kurt Schneider den Fehler seines Lebens gemacht; davon aber hielt ihn Hans-Joachims Vater ab, mit dem er immer noch in freundschaftlicher Verbindung stand. In seiner ungemein offenen und freundlichen Art sagte ihm Hans-Joachims Vater folgendes:

«Kurt, ich weiss genau, was du denkst. Fünfzigtausend sind für dich eine ganze Menge Geld, und der Unterschied zwischen dem Angebot von Pandora und dem Angebot von Klein & Krämer ist fast so gross wie das Jahresgehalt deines Vaters. Natürlich denkst du jetzt an ein neues Auto, eine schicke Wohnung, eine neue hübsche Freundin, nicht wahr? Das alles könntest du dir bei Klein & Krämer schon in den nächsten Jahren, wenn nicht Monaten, leisten. Aber ich muss dir leider sagen, so darf man bei uns einfach nicht denken. Bei uns dominieren absolut die langfristigen Überlegungen, und das bedeutet für dich im jetzigen Zeitpunkt, dass du eine längere Durststrecke durchstehen musst, und zwar bei der Pandora AG. Die Sache ist ganz einfach zu erklären. Bei Klein &

67

Krämer verdienst du zwar im Moment viel, kannst aber nicht mehr wesentlich höher kommen, und vor allem lernst du die Spielregeln nicht kennen, nach welchen ein grosser Konzern funktioniert. Gehst du in den Grosskonzern, so hast du, wenn du die Stelle wechseln willst, immer eine gute Referenz, während bei Klein & Krämer man immer fragen wird, wieso du dort drei oder vier Jahre vertan hast. Was das Geld betrifft, so musst du ebenfalls langfristig denken: In fünf bis zehn Jahren werden Fünfzigtausend für Dich ein Pappenstiel sein.»

So entschloss sich Kurt Schneider für die Durststrecke bei Pandora.

Wäre er zu Klein & Krämer gegangen, dann hätte er fürs erste die Genugtuung gehabt, wesentlich mehr zu verdienen als seine Studienkollegen bei der Pandora AG, mit der Zeit aber gemerkt, dass er einen Fehler gemacht habe. Immer wieder wäre er gefragt worden, wo er arbeite, und immer wieder hätte er erklären müssen, um was für einen Laden es sich bei Klein & Krämer handelte. Mit der Zeit wäre auch aufgefallen, dass seine Altersgenossen bei der Pandora AG allmählich höhere Saläre erhielten, ihn schliesslich finanziell überrundeten und insgesamt in höhere Positionen aufrückten. Die Vergleiche hätten bei Kurt Schneider ein chronisches Missbehagen ausgelöst, das ihn schliesslich dazu motiviert hätte, sich nach einer anderen Stelle umzusehen. Jetzt würde er endlich reuig zu Pandora gehen, und wenn er geschickt wäre, würde er offen bekennen, dass er eben seinerzeit bei der ersten Stellenwahl einen Fehler begangen habe, damals geblendet von den finanziellen Aussichten, was man vielleicht damit entschuldigen könne, dass er aus kleinen Verhältnissen stamme. Dann wird der Direktor, der ihm jetzt bei Pandora gegenübersitzt, Verständnis haben, weil er sich daran erinnert, dass er selber seinerzeit einen ganz ähnlichen Fehler gemacht hat, als er wegen des höheren Lohnes bei einer kleinen, unbekannten Firma anfing. Der Fehler, den Kurt mit der Annahme des Angebots von Klein & Krämer gemacht hätte, wäre am Schluss doch nicht so gross gewesen, dass er ihn später nicht hätte gutmachen können. Aber man kann doch sagen, dass er auf diese Weise von den fünf Jahren etwa drei verloren hätte.

Kurt hat jedoch, wohlberaten von Hans-Joachims Vater, den Fehler nicht gemacht und ist gleich von Anfang an, zwar zu schäbigen Bedingungen, bei der angesehenen Firma Pandora eingetreten. Jetzt muss Kurt Schneider fleissig sein und gute Leistungen erbringen; denn in der Unterschicht wird noch wirklich gearbeitet. Zugleich muss er seine Weiterbildung betreiben, vor allem in Sprachen; das Wichtigste aber ist, dass er die übrige Zeit dafür verwendet, die Machtkonstellationen im Betrieb kennenzulernen. Er muss wissen, welcher von den Direktoren gegenüber anderen Direktoren das gewichtigere Wort hat; er muss die Karriere der Vorgesetzten kennenlernen, auch die Koalitionen, die sie unter sich eingehen.

Aber er darf nirgends mitspielen und nirgends sich engagieren; denn auf der tiefen Stufe, auf der er steht, ist die Beteiligung am Machtspiel immer nur gefährlich. Man muss wissen, dass auf der unteren und mittleren Ebene die Koalitionen und die Machtkonstellationen überhaupt ständig im Fluss sind, und wenn man sich mit einem verbündet hat, der gestürzt wird, dann stürzt man mit, wenn man sich nicht rechtzeitig von ihm distanziert. Was die Macht anbetrifft, so muss Kurt die gänzlich unbefleckte Empfängnis markieren, dabei aber tüchtig arbeiten.

In jeder Situation alert, muss er vor allem bei jeder Änderung, die ihm angeboten oder aufgedrängt wird, überlegen, wie sie sich für seine Karriere auswirken wird. Z. B. wäre es verheerend, wenn er sich als Leiter der Tochtergesellschaft in Lima/Peru mit einem längerfristigen Vertrag binden liesse. Von Lima kehrt keiner mehr zurück in die Zentrale. Ganz anders würde es sich mit der Versetzung auf einen Hauptmarkt, z. B. nach USA, verhalten. Ein solches Angebot müsste Kurt annehmen.

Wenn ihm aber Peru angeboten wird, muss er Argumente finden, die ihm gestatten, das Angebot abzulehnen, ohne in den Ruf eines unbeweglichen und anpassungsunfähigen Stammhausbeamten zu kommen. Er wird also seinem Direktor folgendes sagen:

«Ich wäre sehr gerne bereit, nach Lima zu gehen; schon die Neuheit der Aufgabe verlockt mich aufs äusserste. Doch habe ich den Eindruck, dass es für die Firma und mich besser wäre, wenn ich noch wenigstens ein Jahr Gelegenheit hätte, das Stammhaus besser kennenzulernen, z. B. in der Marketingabteilung, von der ich einfach noch zu wenig weiss — auch zu wenig weiss, um in Lima meine Aufgabe wirklich gut erfüllen zu können.»

Damit hat Kurt Schneider Zeit gewonnen, und ausserdem kann er hoffen, dass ihm der Konzern in absehbarer Zeit eine Stelle in den USA anbietet, die natürlich unendlich viel interessanter ist als jene in Peru. Aus den USA kann man jederzeit in die Zentrale in Europa zurückkehren. Ausserdem sind die USA für sich genommen, mindestens bei sehr grossen Konzernen, ein so grosser Markt, dass sie für Kurt eigene Aufstiegsmöglichkeiten bieten, die ebenso zur Spitze führen können wie die Karriere in der Zentrale. Ferner ist mit dem Auslandaufenthalt der Vorteil verbunden, dass er das Image eines weitgereisten und weltmännischen Managers verleiht.

In jedem Falle, ob mit oder ohne Amerikaaufenthalt, muss Kurt so lange bei der Pandora bleiben, bis er die drittoberste Führungsstufe erreicht hat, d. h. er muss seinen Marktwert soweit steigern, dass entweder die Konkurrenz oder die Headhunters auf ihn aufmerksam werden. Praktisch bedeutet dies, dass er eine gewisse Freiheit gegenüber dem eigenen Unternehmen erst gewinnt, wenn er mindestens Vizedirektor geworden ist. Vorher darf er auf keinen Fall auf irgendwelche Stelleninscrate Eingaben machen; andernfalls ist sein Marktwert kaputt. Wie aber wird man Vizedirektor? Hier lautet nun die ehrliche Antwort tatsächlich so, wie jeder uninformierte Leser sie erwartet: durch Arbeit, Leistung und Leistung. Auf dieser Stufe besteht das Power Play ausschliesslich darin, auf das Power Play total zu verzichten. Wie gesagt, auf den unteren Ebenen zählt tatsächlich die Leistung; auf den unteren Ebenen liegt auch wirklich die Produktivität des Unternehmens. Damit hängt es zusammen, dass einer unmöglich ohne Leistung, etwa allein durch Intrigen, Vizedirektor werden kann. Hinzu kommt, dass er auf der unteren Ebene niemals an die Informationen herankommt, die ihn zum Power Play befähigen würden. Entscheidend aber ist das Gesetz der fremden Leistung. Die Direktoren und die Generaldirektoren, also sämtliche Topmanager, müssen, da sie selber nicht mehr arbeiten, sondern nur noch Power Play betreiben und über andere entscheiden, elementar daran interessiert sein, dass auf der unteren Ebene echte Leistung erbracht wird, die sie vorzeigen können. Also werden sie, soweit ihre Kenntnisse es ihnen gestatten, jeweils denjenigen vom Prokuristen zum Vizedirektor befördern, von dem sie glauben, dass er die grösseren Leistungen erbracht hat und der leistungsfähigste Mann ist. In diesem Bereich gibt es höchstens eine objektive Willkür, die im Evaluationssystem angelegt ist, jedoch keine subjektive, die auf Neigungen und Abneigungen beruht.

Kurt Schneider hat es geschafft. Er ist jetzt

38 Jahre alt und Vizedirektor geworden. Er hat auch beobachten können, dass man spätestens mit 40 Jahren die Stufe des Vizedirektors erreicht haben muss, wenn man auf der Stufenleiter weiter nach oben kommen will. Gewiss gibt es Vizedirektoren, die erst mit 42 oder gar mit 45 Jahren diese Stufe erreichen; von ihnen kann aber mit Sicherheit gesagt werden, dass sie bis zur Pensionierung auf dieser Stelle bleiben und keinesfalls mehr die Möglichkeit haben, zur Spitze aufzurücken.

Als Vizedirektor hat nun Kurt auch die Möglichkeit, das Power Play, das über ihm stattfindet, allmählich kennenzulernen und sich mit der gebotenen Vorsicht daran zu beteiligen. Er wird sich zwar keiner Koalition anschliessen und schon gar nicht auf einen bestimmten, ihm besonders mächtig scheinenden Mann setzen; wohl aber wird er überall versuchen, unauffällig Aufmerksamkeit zu erregen, vor allem bei den besonders starken Männern, die sich über ihm in der Hierarchie befinden. Er kann z. B. versuchen, sich durch besonders begehrte Dienstleistungen beliebt zu machen, z. B. indem er einem Generaldirektor das Material für dessen Vortrag vor der Handelskammer zusammenstellt und womöglich schon den ganzen Text des Vortrages schreibt. Mit der Zeit wird er auf diese Weise im Betrieb ein gesuchter Mann sein, auf dem der wohlwollende Blick der Vorgesetzten ruht. Kurt wird sich seine Position nun auch nach aussen absichern, indem er z. B. an Symposien oder vor Branchengruppen usw. kleine

Vorträge hält und in bekannten Businesszeitungen kleine, aber sehr grundsätzliche Artikel zu Wirtschaftsfragen publiziert. Auch dadurch macht er auf seine besonderen Fähigkeiten aufmerksam. Dabei kommt ihm besonders zustatten, dass seine damals avantgardistische Dissertation immer noch eine gewisse Aktualität hat und sich weiter verwerten lässt, indem Kurt Teile aus seinem Werk, ein wenig breitgewalzt und vielleicht mit neueren Daten versehen, in verschiedenen Wirtschaftsorganen veröffentlicht.

Zugleich muss Kurt Schneider nun genau überlegen, wie die personelle Konstellation im Betrieb für seinen Aufstieg aussieht. Je nachdem muss er sich entschliessen, im Betrieb weiterhin zu bleiben oder in ein anderes Unternehmen hinüberzuwechseln. Im Betrieb wird er bleiben, wenn er sieht, dass er die Protektion der höheren Manager geniesst und dass ausserdem die Altersstruktur seiner Vorgesetzten günstig ist, d. h. dass einige von ihnen demnächst weiterbefördert werden oder altershalber ausscheiden, so dass er, Kurt, nachrücken kann. Stehen alle diese Dinge günstig, so mag Kurt ruhig bei der Pandora bleiben. Wenn er nun am Power Play sich geschickt beteiligt, sich jeweils den richtigen Koalitionen der grauen Mäuse anschliesst, sich ausserdem extern, vielleicht durch einen Lehrauftrag im Rahmen seines Dissertationsthemas an einer Handelshochschule, absichert, dann kann er damit rechnen, dass er gemäss dem firmeninternen Beförderungsrhythmus so ungefähr alle fünf Jahre die nächste Beförderungsstufe erreicht und schliesslich auch die Spitze. Er wird also mit 45 Jahren Direktor und mit 50 Jahren Generaldirektor. Dann wird er auch im Laufe von verhältnismässig kurzer Zeit in die Aufsichtsräte verschiedener anderer Grossunternehmen berufen, kurzum, er hat erreicht, wovon er schon im Gymnasium träumte.

Diese Karriere, die ohne Engpässe und Hindernisse in der eigenen Firma von Anfang an bis zum Ende ungebrochen nach oben verläuft, ist allerdings eher die Ausnahme. Wenn Kurt Schneider z. B. feststellt, dass er nun schon länger als sechs Jahre Vizedirektor geblieben ist, einmal sogar bei einer Beförderung übergangen wurde, dann ist es Zeit für einen neuen Entschluss. Kurt muss die Firma verlassen. Das kann er mit um so besseren Gründen tun, als es allgemein als günstig angesehen wird, wenn jemand in verschiedenen Branchen Managerfunktionen ausgeübt hat. Allerdings muss Kurt nun sehr vorsichtig und subtil — etwa wie eine Frau, die gerne ein neues Verhältnis anknüpfen möchte — zu erkennen geben, dass er zu haben ist. Zu Headhunter Keller kann er auf keinen Fall direkt hingehen. Das wäre genauso peinlich, wie wenn von jemandem bekannt wird, dass er auf dem Annoncenweg eine Gattin sucht. Bestenfalls kann er über gemeinsame Bekannte durchsickern lassen, dass er sich nach einem neuen Tätigkeitsfeld umsieht. Auch in dieser Situation kann ihm natürlich wieder

Hans-Joachims Vater behilflich sein, oder Hans-Joachim selbst, der inzwischen ja ebenfalls eine gehobene Managerposition erreicht hat. Auch sitzt Kurt selbst schon in einem Netz von nützlichen Beziehungen, das er an Symposien, Managerfortbildungskursen, in der Schweiz auch im Militär, knüpfen konnte, und bald wird der Fall eintreten, dass tatsächlich Keller auf ihn aufmerksam wird und direkt mit der Frage an ihn herantritt, ob er nicht Lust hätte, zum Nahrungsmittelkonzern Gastrum hinüberzuwechseln. Bei Gastrum wird ihm entweder sogleich ein Direktorenposten angeboten oder ein Vizedirektorenposten, jedoch verbunden mit einem klaren Karriereplan, d. h. dem festen Versprechen, ihn in spätestens zwei bis drei Jahren zum Direktor zu machen. Beim Lebensmittelmulti wird er nun Planungserfahrungen aus dem Pharmamulti Pandora einbringen können, was seine Stellung verstärkt.

Beim Lebensmittelmulti kann Kurt nun zur Spitze aufsteigen. Sollten jetzt, in der Phase zwischen dem Direktor und dem Generaldirektor Verzögerungen oder sonstige Schwierigkeiten auftreten, dann sind diese jedenfalls nicht mehr so gefährlich wie früher; denn nun ist Kurt in den Registern aller Headhunters wohl vermerkt und abgesichert. Drei- bis viermal darf sich ein Manager ohne Nachteil für seine Karriere den Wechsel von einer angesehenen Firma zur anderen leisten, häufigere Wechsel allerdings nicht; sonst kommt er in den Verdacht, unzuverlässig zu sein, ein sogenannter

‹Stellenhüpfer›. Das wird bei Kurt ohnehin schon deshalb kaum eintreten, weil er mit zunehmendem Alter, spätestens ab etwa 40 Jahren, wegen der familiären Bindungen nicht mehr so beweglich ist: Seine Frau will nicht mehr an einen anderen Ort ziehen, besonders wegen der Kinder, auf deren Ausbildung sich ein Schulwechsel allemal sehr ungünstig auswirkt.

Eine Möglichkeit, Eigentümer zu werden

Der Abstand zwischen dem Manager und dem Eigentümer ist unendlich gross. Der Eigentümer verdient z. B. 20 Millionen im Jahr, der Manager höchstens eine. Alle Manager tragen sich mit dem Gedanken, vielleicht doch einmal Eigentümer zu werden.

Es gibt drei Wege, auf denen man Eigentümer wird. Der einfachste, natürlichste, aber arbeitsreichste Weg führt vom kleinen Handwerker über den kleinen Fabrikbetrieb zum mittleren Unternehmen oder vom kleinen Handelsbetrieb zum Warenhauskonzern. Der zweite, interessantere Weg ist derjenige des Erfinders, der gemerkt hat, dass er seine Erfindung auch für sich selber verwerten kann, in seiner eigens gegründeten Firma, statt sie seinem Arbeitgeber zu verschenken. Der dritte, interessante Weg ist derjenige des Spekulanten. Um ganz gross zu werden, muss jeder diesen dritten Weg mindestens *auch* beschreiten.

Auf welchem Wege auch immer, der Übergang zum Eigentümer ist letztlich der Traum jedes Managers, ein Traum freilich, der in fast allen Fällen unerfüllt bleibt. Vor allem aus drei Gründen ist die Eigentümerposition besonders erstrebenswert. Entgegen allen gängigen Behauptungen bleibt das Risiko des Eigentümers immer begrenzt. Nehmen wir den Fall unseres

Erfinders. Er wird mit seinen Patenten eine Aktiengesellschaft gründen und mit den Gewinnen einerseits zwar expandieren, andererseits aber auch privates Vermögen bilden. Sollte irgendeines späteren Tages, wie es vielleicht im Falle von Herbert Gross möglich gewesen wäre, die früher blühende Firma Konkurs machen, so wäre zwar das Vermögen der Aktiengesellschaft weg, Gläubiger kämen zu Verlust, aber das private Vermögen des Eigentümers bliebe unangetastet. Noch attraktiver wird die Eigentümerposition dadurch, dass sie vom Power Play, in dem die Manager sich in ständigem Stress aufreiben, vollständig befreit. Alle Eigentümer gewordenen Kollegen, die wir kennen, haben uns immer wieder beteuert, welch ungeheure Befreiung es für sie gewesen sei, aus dem Power Play auszuscheiden, die vielen Zwänge abzustreifen, denen die graue Maus unterliegt, endlich einmal rücksichtslos leben und geniessen zu können. Der Manager, der sich mit seiner Geliebten im Büro erwischen lässt, fliegt sofort aus dem Betrieb; wenn der Eigentümer dasselbe tut, ist es keineswegs dasselbe: Es hat keinerlei Konsequenzen. Zur Freiheit kommt das grosse Geld hinzu. Während ein Manager im allerbesten Fall eine Million im Jahr verdient, meistens aber nur zwischen 200 000 und 500 000, fällt dem Eigentümer alles zu, was die in seinem Betriebe Arbeitenden erwirtschaften: Das können 5 Millionen, 10 Millionen oder auch 30 Millionen im Jahr sein.

Warum geschieht es trotz all dieser Vorteile so selten, dass gewiefte Manager, die z. B. bei der Pandora die beste Ausbildung genossen haben und alle Erfahrungen und Fähigkeiten mit sich bringen, um einen eigenen Betrieb gründen zu können, einen solchen Entschluss fassen und vollstrecken? Gewiss spielen alle Manager irgendwann einmal in ihrem Leben mit diesem Gedanken; schliesslich werden sie ihn aber verwerfen, und zwar aus folgenden Gründen: Vor allem wird den Manager die Aussicht abschrecken, dass er seine gehobene Position bei einem internationalen Grosskonzern, z. B. bei der Pandora, vertauschen müsste mit der Eigentümerposition bei einem verhältnismässig kleinen und unbekannten Unternehmen, etwa bei Klein & Krämer; denn da er in seinem bisherigen Leben nicht viel Kapital hat akkumulieren können, wird er höchstens in der Lage sein, ein kleines Unternehmen zu gründen oder zu kaufen. Sein Status wird also zunächst einmal drastisch sinken. Seine Freunde werden nicht verfehlen, ihn darauf aufmerksam zu machen. Hinzu kommt, dass seine Frau ihm sagen wird: «Du weisst ja, dass ich dir sicher nicht im Wege stehen werde, aber überleg dir's doch bitte ganz genau. Du verlierst deine Pensionsberechtigung, du gehst ein grosses Risiko ein, vielleicht wirst du alles verlieren, was du bisher erarbeitet hast. Und dann, bitte, denk auch an unsere Kinder, die jetzt mitten in der teuren Ausbildung stehen, besonders Heinrich, den wir ins Lyceum Alpinum in Zuoz schicken wollten.» Für sich selber wird der Manager zusätzlich überlegen, dass er jetzt, mit 45 Jahren, eben erst bei Pandora in die Position gekommen ist, wo er nicht mehr eigentlich zu arbeiten braucht, sondern nur noch Entscheide fällen muss und wo er ein sehr gutes Gehalt bezieht. Jetzt müsste er gewissermassen wieder ganz von unten anfangen, viel und streng arbeiten, um das kleine — gekaufte oder gegründete — Unternehmen in Schwung zu bringen, und er hätte in den ersten Jahren sicher keinen Ertrag, den er nicht sofort wieder ins Unternehmen investieren müsste. Das alles heisst, dass sein Lebensstandard enorm sinken würde; die Freiheit des Eigentümers wäre zu teuer erkauft. Dies sind die Gründe dafür, dass Manager in höheren Positionen den Schritt zum Eigentümer nie oder fast nie unternehmen.

Wer aber tut es? Immer handelt es sich um junge Leute von etwa 30 Jahren, wie z. B. Franz Huber. Franz Huber war Monteur bei der grossen Maschinenfabrik Metallum AG und wurde von seiner Firma als solcher in die USA geschickt. Dort hatte er öfter in einem kleinen Betriebe zu tun; er kam mit dessen Chef ins Gespräch, und dieser fragte ihn eines Tages, ob er, Franz Huber, denn nicht glaube, dass sich das amerikanische Produkt, nämlich ein Wärmeregulator für Zentralheizungen, auch in Deutschland verkaufen lasse. Huber überlegte kurz und sagte «Why not». Das Produkt war neu, es war praktisch, es hatte sich auf dem amerikanischen Markte bewährt, die Patente

81

für Europa waren abgesichert. Der amerikanische Chef gab ihm ein kleines Startkapital, Huber kehrte nach Deutschland zurück, kündigte die Stelle bei seiner bisherigen Arbeitgeberin und reiste von nun an mit seinem Opel in Deutschland umher, um bei Sanitärgeschäften das amerikanische Produkt an den Mann zu bringen. Huber war selbst erstaunt darüber, wie gut die Sache lief. Schon nach wenigen Monaten musste er einen Vertreter anstellen, nach einem Jahr schon brauchte er zehn, um den deutschen Markt zu bearbeiten; er musste zusätzliche Büros und Lagerräume anmieten. Seine Erfolge verhalfen ihm ferner dazu, dass er nun auch die Vertretungen für Österreich und für die Schweiz erhielt und auch in diesen Ländern sein Netz erweiterte und erweiterte. Das Geschäft entwickelte sich in den folgenden fünf Jahren zu einer solchen Grösse, dass Huber einen Finanzchef einstellen musste. Er fand ihn in der Person von Karl Reimann, einem schmalen, cleveren 30jährigen Typen, der zuvor bei einer kleinen Bank die internationalen Geschäfte abgewickelt hatte. Huber und Reimann kamen sich bald näher. Huber bewunderte an Reimann dessen pfiffige Wendigkeit und dessen selbstsicheres, kühles, etwas arrogantes Auftreten, das er aus dem Bankgeschäft mitbrachte. Huber verdiente viel Geld; aber so ganz zufrieden wurde er dabei nicht, und das hatte Reimann sofort bemerkt. Z. B. war es Huber nicht gelungen, in den örtlichen Rotaryclub aufgenommen zu werden, obwohl doch da Leute drin waren, die wesentlich weniger verdienten als er. Die Bankdirektoren schätzten ihn zwar als Kunden, luden ihn aber nie zum Abendessen ein. Irgendwie war er immer noch der kleine Monteur. Dass ihn dies wurmte, sah ihm Reimann sofort an. Zudem hielt Huber nicht zurück mit Klagen über die sogenannte feine Gesellschaft, die einen einfachen, tüchtigen Selfmademan wie ihn verachtete. Im Grunde wird doch der Aufstieg des Tüchtigen überhaupt nicht honoriert.

Um so interessanter war es für Huber, dass er sich mit Reimann an manchen Abenden über die grosse Finanzwelt der Banken und des big business unterhalten konnte und von Reimann als Gesprächspartner absolut ernst genommen wurde. «Weisst du», sagte ihm Reimann, «für die bist du halt immer noch ein kleiner Fisch. Was zählt für die schon eine Franz Huber AG? Du müsstest da in eine ganz neue Dimension eintreten, um von den anderen ernst genommen zu werden.»

Nach etwa 10 Jahren — Huber war jetzt 40 Jahre alt und hatte gut 5 Millionen auf der Seite — redeten Huber und Reimann wieder einmal über die ganz grossen Geschäfte der ganz grossen Fische. «Hör mal», sagte Reimann, «Du hast doch früher bei der Metallum AG gearbeitet; weisst Du überhaupt, wie es um die Bude steht?» «Keine Ahnung», sagte Huber, «was soll mich das kümmern.» «Die Firma steht schlecht, sie hat seit drei Jahren nur noch Verluste gemacht, die Aktien wären jetzt für 80 Mark

83

zu haben.» «Na und?» Reimann fuhr unbeirrt fort: «Du kennst doch die Metallum AG, die Anlagen, die Grundstücke und das ganze Drum und Dran. Wie hoch würdest Du den inneren Wert der Firma einschätzen?» «Keine Ahnung. Wieso?» «Nur mal so über den Daumen gepeilt, dürfte man doch sagen, dass die ganze Bude heute noch einen Substanzwert von 50 Millionen hat. Der Börsenwert aller Aktien dagegen beträgt heute nur etwa 15 Millionen. Ich habe mich genau erkundigt. Ein Aktienpaket von noch knapp 20% befindet sich in den Händen der Familie Bergmann; die übrigen Aktien sind breit auf dem Markt verteilt. Für 5 Millionen kannst Du Dir ein Paket von 30% an der Börse besorgen und wirst damit der stärkste Einzelaktionär, womit Du faktisch die Kontrolle über die gesamte Unternehmung in die Hand bekommst.»

Beim Namen Bergmann wurde Huber alert. Das war doch der junge Schnösel, der immer im roten Sportwagen vorfuhr und nur wegen seiner Familie im Unternehmen eine Blitzkarriere machte, dazu auf die Arbeiter herunterschaute, als wäre er ein kleiner Gott. Für Huber wäre schon allein die Möglichkeit, diesen Kerl, der das Unternehmen heruntergewirtschaftet hatte, auf die Strasse zu stellen, 5 Millionen wert. Zugleich wusste Huber natürlich, selbst wenn es ihm nicht von Reimann gesagt worden wäre, dass er mit diesem Coup endlich in den Kreis der Grossindustriellen hineinkäme.

Es gelang Huber mit Hilfe von Reimann,

über verschiedene Banken nach und nach 30%
der Aktien der Metallum AG aufzukaufen;
seine 5 Millionen reichten dafür aus, obwohl
vor allem gegen Ende die Kurse wegen der
Aufkäufe scharf anzogen. Eines Tages verlangte
Huber als Hauptaktionär eine ausserordentliche
Generalversammlung. Zuvor hatte er sich mit
Hilfe seines Anwaltes mit zwei Grossbanken
verständigt, die zusammen ein 30%iges Paket
von Publikumsaktien vertraten. Die Generalversammlung verlief äusserst ruhig. Huber erklärte, dass er die Firma mit einem neuen Management wieder in Schwung bringen wolle; er
stelle der Generalversammlung den neuen Finanzchef vor, Karl Reimann.

Nach einem Jahr schlug Huber, nunmehr
Präsident des Aufsichtsrates der Metallum AG,
nach Absprache mit den Banken, der Generalversammlung vor, zur Sanierung des Unternehmens eine Kapitalerhöhung von 50% durchzu-
führen, was auch genehmigt wurde. Die Familie
Bergmann konnte mangels genügender Finan-
zen bei dieser Transaktion nicht mitziehen, und
dies hatte zur Folge, dass ihr Aktienpaket be-
deutungslos wurde. Huber erlebte nun die Genugtuung, dass die Banken Herrn Dr. Bergmann nahelegten, aus dem Aufsichtsrat zurückzutreten, was sich auch wegen der hohen Kre-
dite aufdrängte, die Bergmann bei den Banken
für seinen aufwendigen Lebensstil seit Jahren
beanspruchte. Im Zuge der Ablösung von
Bergmann wurde dann auf ganz natürlichem
Wege Karl Reimann zum Vorsitzenden der Ge-

neraldirektion gewählt. Sein Power Play hatte sich bewährt. Auch für Huber natürlich verlief die Sache glücklich. Er liess sich auf mehrfaches Bitten dazu herab, in den örtlichen Rotaryclub, in den Golfclub und in den Yachtclub einzutreten. Die Eintrittsrede, die jedes neue Mitglied im Rotaryclub halten muss, liess sich Huber von Professor Bieri schreiben, den er inzwischen in den Aufsichtsrat der Metallum AG berufen hatte.

Die tüchtige, einfach gebliebene Frau Huber war natürlich dem mondänen Leben, das Franz Huber so stark verlockte, nicht gewachsen. Huber hatte sie freilich immer noch gern und beschenkte sie reich mit Pelzen und Schmuck, zugleich aber befreundete er sich im Yachtclub mit einem Mannequin, und hier nun zeigte sich sein grosser Freiheitsvorsprung als Eigentümer gegenüber den Managern in grossen Konzernen: Er durfte sich mit seiner Freundin gefahrlos überall zeigen. Die offene Unmoral ist das sichtbarste Zeichen der Macht.

Sicherung der Macht

Obwohl die Verantwortung eines Managers mindestens nie systematisch realisiert wird, lebt er doch in einem gewissen Masse gefährlich, da es immer einmal geschehen kann, dass er für irgendeine Panne als Sündenbock herhalten muss. Das Schlimmste jedoch, was ihm passieren kann, ist die Entlassung mit grosser Abfindungssumme. Einem bunten Vogel würde das wenig ausmachen; im Gegenteil, er wäre eher froh über die Gelegenheit, ein neues Leben anzufangen, zumal mit so massiver Starthilfe. Für eine graue Maus jedoch ist die Entlassung ein demütigendes, ja zur Verzweiflung treibendes Erlebnis; denn Alternativen kann die graue Maus sich in ihrem Leben ohnehin nicht vorstellen.

Also müssen sich die Manager — und die meisten sind ja graue Mäuse — nach möglichst vielen Seiten dagegen absichern, entlassen zu werden.

Grundsätzlich kann der Manager seine Macht auf zwei Weisen absichern: extern und intern. Die externe Absicherung besteht darin, dass der Manager Mitglied irgendeines angesehenen Gremiums wird, z. B. des Parlamentes oder des Vorstandes der Arbeitgebervereinigung. Hat er eine solche Position erreicht, dann kann er sich in seinem Unternehmen fast jeden

Fehler leisten. Denn dieses kann es sich nun nicht mehr leisten, «seinen Parlamentarier» oder gar das Vorstandsmitglied der Arbeitgeberorganisation zu entlassen. Als erster Schritt zur externen Absicherung der Macht empfiehlt sich die Wahl in Kommissionen und Gremien, die dem Unternehmen nahestehen, z. B. in den Ausschuss des Branchenverbandes oder in eine Expertenkommission, die den Entwurf eines Gesetzes über die betreffende Branche vorbereiten soll. Gut, wenn auch etwas aufwendig, sind auch Vorträge an Symposien der betreffenden Branche oder gar Lehraufträge an Hochschulen. Noch besser ist die Absicherung in branchenfremden Sparten. Wenn der Generaldirektor der Firma Pandora zugleich Aufsichtsrat bei der Gastrum ist, eventuell ausserdem noch bei einem weiteren Multi, dann hat er eine optimale Sicherung erreicht. Würde seine Firma ihn als Generaldirektor entlassen, so wäre dies ein offensichtlicher Affront gegen die anderen Firmen. Hervorragend gute externe Absicherungen sind auch die Mitgliedschaft etwa im nationalen Komitee des Roten Kreuzes oder, wenn unser Manager beispielsweise in der Lebensmittelbranche tätig ist, die Mitgliedschaft in der Internationalen Ernährungskommission.

Im Sonderfall Schweiz kommt dazu noch die militärische Karriere. Fast alle schweizerischen Topmanager haben hohe Führungschargen in der Armee, vom Hauptmann bis zum Obersten; erst in den höheren Rängen werden sie von reinen Berufsmilitärs abgelöst; immerhin gibt es doch auch einige Brigadiers, die im Nebenberuf Manager sind und in ihrem Büro etwa 60% der Arbeitszeit dem Militär widmen. Da so viele Topmanager auch Topmilitärs sind, bedeutet dies für unseren Manager-Oberst, dass er in seinem Betrieb total abgesichert ist: Über Jahre hinaus haben ihm Managerkollegen im Militär seine besonderen Qualifikationen bescheinigt; wie könnte nun das eigene Unternehmen es wagen, ihn für irgendeine Panne im Unternehmen verantwortlich zu machen und plötzlich als unfähig einzustufen!

Nicht ganz unangenehme Nebenfolgen der externen Absicherung sind zusätzliche Macht in anderen Bereichen und über andere Menschen und, soweit dies überhaupt jemanden interessieren sollte, zusätzliches, vom Fiskus schwer zu kontrollierendes Geld.

Das Höchste im Leben eines Managers, vor allem wenn er nie den Doktorgrad erworben hat, ist es, Konsul zu werden. Damit hat er auch zugleich die beste externe Absicherung erreicht. Ein Konsul *kann* einfach nicht von seinem Betrieb entlassen werden; denn damit würde ein ganzer Staat beleidigt, auch wenn es nur Panama wäre. Der eigene Aussenminister würde beim Unternehmen intervenieren und fragen: Seid ihr eigentlich verrückt geworden: uns diese unnötigen Schwierigkeiten mit einem befreundeten Staat zu bereiten?

Die interne Absicherung beruht in erster Linie

auf Koalitionen. Zwei oder drei Generaldirektoren halten meistens zusammen. Wer dagegen keiner Koalition angehört, der ist stets sehr gefährdet.

Für den Aussenstehenden führt der sicherste Weg, um Koalitionen festzustellen, übers Kulinarische. Wer geht mit wem zum Mittagessen? Auch das weibliche Element kann ein Indikator sein: Welche Ehefrauen verkehren miteinander? Um die kulinarische Probe zu machen, bedarf es freilich einer eher seltenen Situation. Wenn die Generaldirektion, bestehend aus vier Generaldirektoren, eine Sitzung hat, die bis Mittag dauert, werden normalerweise alle vier gemeinsam zum Mittagessen gehen. Ist jedoch die Sitzung um viertel nach elf zu Ende, dann entsteht folgende Situation: Jeder der vier Generaldirektoren zieht sich in sein eigenes Büro zurück, und es sieht so aus, als gingen sie alle auseinander. In Wirklichkeit werden sich die Koalitionspartner telephonisch von ihrem Büro aus zum Mittagessen verabreden, und eine peinliche Situation kann höchstens entstehen, wenn zufällig alle vier, also je zwei und zwei, dasselbe Restaurant ausgesucht haben. Dann wird offenbar, wie wichtig dieser an sich banale Vorgang eigentlich ist: Die Koalitionen werden sichtbar, und es entsteht im Restaurant fast eine Art von Konfrontation, die aber mit viel Liebenswürdigkeit und Heuchelei zugedeckt wird. Angenommen, die Generaldirektoren Hans und Fritz sind um zwölf Uhr im Restaurant eingetroffen, und der verfluchte Zufall will es, dass die Gene-

90

raldirektoren Franz und Max um zehn nach zwölf ebenfalls das Restaurant betreten. «Ach wie nett», sagt Hans, «dass ihr auch da seid; ich habe mich soeben ganz zufällig mit Fritz getroffen; setzen wir uns doch an einen grösseren Tisch und benützen wir die seltene Gelegenheit, auch einmal ausserhalb der Geschäftsordnung uns gewissermassen privat, soweit wir überhaupt noch ein Privatleben haben, unterhalten zu können.»

Ein noch stärkerer Indikator für Koalitionen ist das Du. Wenn ein Direktor mit dem Generaldirektor plötzlich auf du ist, dann löst dies bei den anderen Direktoren höchste Alarmbereitschaft aus. Sie werden sofort miteinander zum Lunch gehen und sich gegenseitig fragen, was denn da eigentlich passiert ist.

Das Du kann auch als Machtinstrument benützt werden, sei es um einen Koalitionspartner an sich zu binden, sei es um einen möglichen Gegner zu neutralisieren. Das Du zeigt vielleicht am deutlichsten, wie sehr sich seit Machiavelli das Machtspiel verfeinert hat.

Ein weiteres Mittel der Machtsicherung und zusätzlich auch des Machterwerbs sind die Gutachten, die bei externen Konsulenten eingeholt werden. Es gibt die harmlosen Gutachten und die brisanten Gutachten. Die harmlosen Gutachten dienen dazu, die eigene Argumentation im eigenen Teilbereich des Unternehmens in Fragen, bei denen man eine Kontroverse befürchtet, abzustützen. Man kann dann sagen, man habe das betreffende Ei nicht etwa allein gelegt und ausgebrütet, sondern Professor Stutz, der bekannte Betriebswissenschaftler an der Hochschule St. Gallen, habe einen in seinen Ansichten voll bestätigt. Mit diesem harmlosen Gutachten wird unser Manager es leichter haben, ein bestimmtes Projekt, allerdings nur in seinem eigenen Zuständigkeitsbereich, durchzubringen.

Ganz anders verhält es sich mit den brisanten Gutachten. Diese dienen dazu, einen möglichen Konkurrenten abzuschiessen, z. B. den Direktionskollegen Holzer, der mit Ihnen für die Wahl zum Generaldirektor im Rennen liegt. Das brisante Gutachten ist nicht zuletzt deshalb brisant, weil es seinem Inhalt nach Ihren Kompetenzbereich überschreitet und in den Kompetenzbereich von Kollege Holzer eingreift, und deshalb kann es auch nicht von Ihnen allein veranlasst werden. Entweder sind Sie raffiniert genug, das Gutachten zwar nicht mit Zustimmung Holzers — so idiotisch wird auch er nicht sein —, aber doch mit Zustimmung der anderen Direktionskollegen einzuholen und auf diese Weise ein trojanisches Pferd in Holzers Gebiet zu bringen. Oder — die einfachere Variante — Sie gewinnen die Generaldirektoren für den Gedanken, ein Gutachten über den Produktionszweig von Holzer einzuholen.

Nun beginnen aber erst die eigentlichen Schwierigkeiten. Verhältnismässig einfach ist es, wenn Sie veranlassen können, dass ein Gutachter gewählt wird, den Sie schon kennen und mit dem Sie auf gutem Fusse stehen. Dann können Sie ihm irgendwie zu verstehen geben, welche Aussage im Gutachten Ihnen nützlich wäre. Dieser Fall wird jedoch relativ selten sein, schon weil Kollege Holzer dafür sorgt, dass kein Gutachter berufen wird, von dem man weiss, dass Sie mit ihm gute Beziehungen haben.

Also wird im Normalfall ein wirklich neutraler Gutachter berufen. Sie werden nie verhindern können, dass der Gutachter, da es sich um den Betriebsbereich von Holzer handelt, in erster Linie mit Holzer Verbindung aufnimmt. Damit es dabei nicht bleibt und der Gutachter schliesslich nicht völlig dem Einfluss Holzers unterliegt, müssen Sie dieselbe Begründung vorbringen, die Sie schon vorgebracht haben, um überhaupt die Generaldirektion dafür zu gewinnen, ein Gutachten einzuholen. Sie sagen also auch dem Gutachter: «Herr Professor Bieri, Sie kennen den Auftrag der Generaldirektion: Wir alle gehen davon aus, dass es sich bei dem gestellten Problem nicht nur um ein Problem des Finanzbereiches von Holzer handelt, sondern um ein Problem, das alle Bereiche betrifft, vor allem auch meinen eigenen, das Marketing, und den meines Direktionskollegen, das Controlling. In jedem Falle wird die Gesamtdirektion schliesslich die nötigen Entscheide fällen müssen.»

Da Professor Bieri nicht zum ersten Mal ein Gutachten erstellt, weiss er nun genau, was von ihm erwartet wird. Er hat natürlich sofort begriffen, dass es für ihn, Bieri, soll sein Gutachten überhaupt ankommen, am besten ist, wenn er sich mit der offenbar mächtigeren Gruppe, der Sie und Direktor Bucher angehören, mindestens nicht anlegt. Sie werden Bieri auch mit dem Protokollauszug der letzten Sitzung der Generaldirektion versorgen, aus dem hervorgeht, dass Sie die ganze Sache veranlasst haben und sich offenbar in einer Koalition der Mächtigeren bereits befinden. Bieri wird sicher nicht so dumm sein, gegen die Interessen dieser Koalition zu verstossen.

Welches sind aber die Interessen von Professor Bieri selbst? Bieri möchte auf jeden Fall, dass sein Gutachten ankommt und von der Unternehmensleitung realisiert wird, damit er später sagen kann, inzwischen habe er auch bei General Mice die Unternehmensführung nach seinen Ideen nachhaltig beeinflusst. Von seinem professionellen Gewissen her wird er eine Variante vorlegen, die genau dem entspricht, was in der gegebenen Situation für das Unternehmen das Beste ist. Er wird diese Variante die Idealvariante nennen. Da er weiss, dass sie die Unternehmensleitung schon wegen der personellen Konsequenzen, die sie impliziert, niemals annimmt, wird er eine Mittelvariante vorschlagen, von der zu erwarten ist, dass die Generaldirektion sie akzeptiert. Für Sie ist es natürlich völlig gleichgültig, welche Variante Bieri vorschlägt und welche befolgt wird; wichtig ist nur, dass an einigen Stellen des Gutachtens Schwächen der Finanzleitung Holzers aufgedeckt werden.

Das gelingt Ihnen, indem Sie von Anfang an auf die Interessen Bieris eingehen und ihm helfen, die Informationen zu beschaffen, die er braucht, wofür er ohne Ihre Hilfe viel Zeit aufwenden müsste. Zusätzlich können Sie noch folgendes vorkehren. Da sie mit dem Finanzchef der US-Filiale in New York befreundet sind, schlagen Sie Bieri vor, er solle sich doch einmal auch diese Aussenstation ein wenig ansehen, da schliesslich die Expansion nach USA sehr wichtig sei; was Bieri gerne akzeptieren wird, da er sowieso wieder einmal auf fremde Kosten New York besuchen möchte. Zugleich werden Sie Ihrem Freund in New York telephonieren und ihm sagen, er solle doch Bieri ein paar nette Abende verschaffen und ihm an den Tagen, nicht zu früh morgens, jene Zahlen zeigen, die gegen Holzer sprechen.

Bieri kommt von New York zurück und schreibt sein Gutachten. Im Gutachten wird vermerkt sein, dass man mit dem Finanzbereich Holzers im allgemeinen sehr zufrieden sein könne, dass jedoch Bedürfnisse der Tochtergesellschaften zum Teil zu wenig Berücksichtigung fänden, weil anscheinend gewisse Schwierigkeiten in der Kommunikation bestünden, die aber mit wenigen und einfachen Massnahmen behoben werden könnten.

Damit ist Holzer aus dem Rennen für den im Mai frei werdenden Generaldirektionsposten.

Probleme mit der Gesundheit

Das ganze Power Play kann der Manager nur bewältigen, wenn er robust ist. Probleme mit der Gesundheit darf der Manager auf keinen Fall haben; denn sonst steht er den Stress mit den vielen Flugreisen und den ständigen Abendessen auf Geschäftsspesen in teuren Restaurants nicht durch.

Statt zu arbeiten, unterwirft sich der Manager einem Stress, den der Aussenstehende gar nicht als solchen kennt. Letztlich liesse sich also sagen, dass der gehobene Manager eben doch arbeitet, wenn auch gewissermassen in einer passiven Weise. Mittags fliegt er — erster Klasse, versteht sich — von Zürich nach New York, wird mit Hummer und Champagner abgefüttert und unterhält sich gemütlich mit der Air Hostess. Um vier Uhr landet er in New York, wird von den Geschäftspartnern empfangen; nach einigen kurzen Gesprächen und einer Erfrischung im Hotel wird er gleich ins nächste Luxusrestaurant geschleppt, wo er sich wieder vollstopfen lassen muss mit den besten ‹internationalen Spezialitäten›, garniert mit teuren Weinen. Nächste Woche wird sich das gleiche in Tokio, übernächste Woche in Rio wiederholen. Kein Wunder, dass unser Manager ständig Gewichtsprobleme hat, die er nur mit eiserner Disziplin und Fastenzeiten zu Hause bewältigen kann, zum Leidwesen seiner Frau, die eine gute Köchin ist. Dort, wo er es eigentlich gemütlich haben sollte, im trauten Kreis der Familie und der Freunde, muss er die widerwärtigen Schlankheitsmahlzeiten von Gastrum zu sich nehmen. Ein Topmanager kann sogar in die Situation kommen, zweimal am Abend speisen zu müssen: zuerst im Restaurant mit seiner Freundin; dann abends um zehn Uhr die Mahlzeit, die ihm seine Frau liebevoll zubereitet hat.

Dass dennoch nicht alle Manager gewaltiges Übergewicht mit sich herumtragen, sondern im Gegenteil eher schlank sind, lässt sich nur mit ihrer eisernen Disziplin erklären. Die Fastenzeiten werden genauso fromm eingehalten wie in einem Kloster.

Übrigens müssen wir nachholen, dass die erste Klasse im Jet ein äusserst gefährliches Sprechzimmer ist. Die Hostessen der ersten Klasse sind über fast alle Manager der grösseren Firmen, die auf der betreffenden Linie fliegen, informiert und hören eine Menge Klatsch, den sie getreulich weitertratschen. Hier ist der wunde Punkt, den manche übersehen, die sonst so diskret sind; hier, etwa nach dem dritten Glas Champagner, löst sich bei manchem die Zunge, und er ist so naiv zu meinen, die Hostess kenne ja doch niemanden, dem sie irgend etwas weitererzählen könnte; dabei hört er doch, dass sie nichts anderes tut.

Die künstliche Krise

Wie immer angeregt von militärischen Errungenschaften, hat auch die Betriebswissenschaft sich eine neue Methode zugelegt, nämlich die Methode der Arbeit am Simulationsmodell. Das bedeutet, dass man versucht, sich auf unvorhergesehene Situationen wenigstens im Sandkasten vorzubereiten. Beim Militär, beispielsweise, wird man den Krieg simulieren, im Detail vielleicht bestimmte Einmarschrouten des Feindes; das Peinliche ist immer nur, dass der Freund den Feind simulieren muss, solange der Krieg noch nicht da ist, und dass der Freund immer nur Situationen simulieren wird, die nicht wirklich gefährlich sind. Ein General, der Tag und Nacht nur über Schwächen und Schwachstellen der eigenen Division nachdächte, würde sehr rasch als Defaitist disqualifiziert; und wenn er dies nicht täte, bliebe er immer darin begrenzt, dass er nicht über seinen eigenen Schatten springen kann.

Seit dem Ölschock zu Anfang der Siebzigerjahre, einer Art von Pearl Harbour der Weltwirtschaft, wird in der Wirtschaft der gelegentliche Luxus von Sandkastenspielen allgemein akzeptiert. Dabei werden Planmodelle durchgespielt, in denen nicht nur mikroökonomisch der jeweilige Konkurrent am Markt als Gegner simuliert, sondern makroökonomisch die Situation insgesamt verändert wird. Z. B. wird fiktiv davon ausgegangen, dass der Dollar auf eine Mark heruntersinkt oder umgekehrt wieder auf vier Mark ansteigt, dass in der Schweiz das bereits historisch gewordene Friedensabkommen aufgehoben wird, so dass selbst in diesem idyllischen Lande Streiks von mehr als 12 Arbeitern ausbrechen, dass Umweltkatastrophen im Sinne von Seveso entstehen, Finanzkatastrophen im Sinne von Chiasso (in Wirklichkeit SKA), gesundheitliche Schwierigkeiten mit Babynahrungsmitteln, gehäufte Krebsfälle nach Zigarettenrauchen, Massenauswanderung von Managern und Wissenschaftlern nach Russland oder China usw. usw.

Je unwahrscheinlicher die Situation, die man simuliert, desto wahrscheinlicher, dass sie eintritt. Der Manager, der seinem Aufsichtsrat eine allgemeine Krisensimulation vorschlägt, wird damit immer gut fahren. Tritt die Krise nicht ein, bleibt ihm stets das Image eines langfristigen Planers; tritt die Krise ein, so wird er sich ohnehin den Ruhmeskranz dessen aufsetzen können, der genau die Dinge vorausgesagt hat, die später eingetreten sind. Demnach müsste man eigentlich meinen, dass nun alle Manager ständig mit Krisensimulationsspielen beschäftigt seien. Dem steht freilich einerseits entgegen, dass solche Unternehmungen zu aufwendig sind, und anderseits vor allem das Defaitismusargument: Man soll den Teufel nicht an die Wand malen, self-fulfilling prophecy usw. usw. Da das Management dank unserem Freund Keller aus lauter Optimisten und aus Leuten besteht, die Optimismus mit Erfolg verwechseln, hat aber unser Defaitist, zumal er seinen Pessimismus nur simuliert, eine um so grössere Chance. Selbst ein durchschnittlicher, aber geschickter Manager kann sich damit in den Ruf eines weisen und vorausblickenden Mannes bringen. Wenn das Planspiel nachher durchgezogen wird, ist zwar ziemlich viel Intelligenz nötig, doch braucht dann der durchschnittliche, aber geschickte Manager gar nicht mehr in leitender Rolle dabeizusein. Es genügt, dass er die ganze Sache dem Aufsichtsrat vorgeschlagen hat; schon damit schafft er sich einen Vorsprung.

Ist unser Manager gar intelligent und geschickt, dann wird es ihm gelingen, das Planspiel total umzufunktionieren zu einer Stärkung seiner eigenen Position. Da er das Planspiel angeregt hat, wird er auch schon vorher dafür sorgen, dass in seinem Bereich alles rund läuft, wenn der Test angesetzt wird. Bei seinen Kollegen aber, die schon darum nicht so gut vorbereitet sind wie er, weil sie die Anregung nicht gemacht haben und bei der Ausarbeitung des Spiels auch weniger intensiv beteiligt waren, werden einige Fehler zutage gefördert werden. Hinzu kommt, dass unser Manager, dem es gelungen ist, den Aufsichtsrat von der Notwendigkeit des Planspiels zu überzeugen, zweifellos auch Chef des Planungsstabes wird, so wie der Gründer eines Unternehmens, mindestens vorläufig, auch immer dessen Chef ist. Der Machtgewinn unseres Managers wird nicht zuletzt darauf beruhen, dass er sich dank seiner Planspiel-Position Informationsvorsprünge verschafft, die ein anderer nie erreichen könnte. Unser Manager kommt zu mindestens zwei Vorteilen: Erstens wird er mühelos seine Kompetenzgrenzen überschreiten, in jedem Büro mal schnell vorbeischauen und Informationen sammeln, die er sonst nur auf dem Dienstweg bekäme; zweitens wird er den Status eines Experten erreichen, fast so hoch und «unabhängig» wie Professor Bieri, da er ja nun von aussen und nicht mehr von innen an die Firma herantritt.

Dirty Tricks

Man kann das Power Play auch ohne dirty tricks spielen. Werden sie dennoch nötig, müssen sie wohldosiert und nur auf eine Weise angewendet werden, dass man sie nicht als solche erkennt.

Ein bewährter Trick ist das Gerücht. Das Gerücht muss mindestens einen wahren Kern haben, sonst wird die Aussage zur Verleumdung; und es besteht ein sehr hohes Risiko, dass die Verleumdung auf den Täter zurückfällt. Das nützliche Gerücht über einen Gegner, den es auszuschalten gilt, kann beispielsweise in der Hochrechnung oder Verallgemeinerung von einzelnen wirklichen Vorkommnissen bestehen.

Sie treffen z. B. auf dem Golfplatz Ihren Bekannten Fromm, der lachend von Ihrem Gegner Lamm erzählt, dass er doch wahrhaftig letzte Woche in sichtbar angeheitertem Zustand auf den Golfplatz gekommen sei, schon am Vormittag. Nun schalten Sie sofort: «Für mich ist das eigentlich nichts Neues; vor einem Monat war doch die Beerdigung unseres früheren Aufsichtsratsvorsitzenden, und da war Lamm nach der Trauerfeier beim Zusammensein der Trauergäste im Restaurant am Schluss total betrunken. Das kann natürlich jedem mal passieren, aber Lamm sollte doch wohl etwas mehr auf seine Gesundheit achten.» Nun ist es Ihnen gelungen, zwei Einzelvorkommnisse so zu verknüpfen, dass aus Lamm ein echter Alkoholiker geworden ist.

Ein weiterer Trick aus der Gerüchteküche ist der Schonungstrick, der sich auf die Gesundheit bezieht. Ihr Gegner Lamm war vielleicht in den letzten drei Monaten zweimal zwei Tage krankheitshalber abwesend. Nun werden Sie zum Vorgesetzten, der Lamm auf eine Geschäftsreise nach Tokio schicken will, sagen: «Vielleicht könnte doch sein Stellvertreter, der ja auch sehr gut informiert ist, die Reise machen; denn ich habe den Eindruck, dass es Lamm in letzter Zeit nicht so besonders gut geht. Auch beim Tennisspielen macht er nicht mehr mit, und Sie haben vielleicht selbst gesehen, dass er einen etwas angeschlagenen Eindruck macht. Wir müssen doch dafür sorgen, dass er nicht ausfällt, und ihn unbedingt ein wenig schonen, wenigstens für die nächste Zeit.» Der Chef wird stutzig und erinnert sich sofort an eine eigene Beobachtung: Lamm war doch an der letzten Sitzung eher etwas nervös, auch in seinen Reaktionen, wo er doch früher immer alles ziemlich gelassen nahm; wahrscheinlich ist es tatsächlich besser, wir schicken seinen Stellvertreter nach Japan. Der Vorgesetzte hat, wenn mit dem Stellvertreter alles gut läuft, das Gefühl, einen richtigen Entscheid getroffen zu haben, und ausserdem den Eindruck, Sie, die ihm das Schonungsargument unterbreitet haben, seien eigentlich ein sehr rücksichtsvoller Kollege. Im Endeffekt allerdings hat das Schonungsargument für

Lamm äusserst schädliche Folgen. Für eine demnächst zur Diskussion stehende Beförderung kommt er jedenfalls nicht mehr in Frage. Auch der Stellvertreter ist jetzt zufrieden; erstmals konnte er, ein noch ziemlich junger Mann, mit vollem Einsatz seine Leistungsfähigkeit unter Beweis stellen. Die Vorgesetzten Lamms haben über ihn jetzt alle die Meinung, man könne ihn nicht noch mehr belasten und ihm keine neuen Verantwortlichkeiten übertragen, was letztlich bedeutet, dass er auf einem Abstellgleis endet.

Wenn Ihnen ein Gerücht über Sie selbst hinterbracht wird, gibt es einen einfachen Test, um zu erfahren, ob der Gesprächspartner, der Ihnen die Sache zuträgt, auf Ihrer Seite steht oder auf der anderen. Wenn er Ihnen das Gerücht in seinem ganz konkreten Inhalt darstellt und Sie dazu Stellung nehmen lässt, selber vielleicht noch durchblicken lässt, dass er nicht daran glaube, dann besteht eine gewisse Vermutung, dass er auf Ihrer Seite steht. Wenn er dagegen nur bemerkt, der andere habe sich negativ über Sie geäussert, dann ist es besser, Sie gehen davon aus, er stehe auf der Seite Ihres Gegners und er glaube das Gerücht mindestens teilweise.

Der Frauentrick wird zwar in den nördlichen Ländern nicht praktiziert, müsste jedoch auch hier erfolgreich sein. Ihr Gegner und Konkurrent für den Generaldirektionsposten muss öfters nach New York fliegen. Er ist eine typische graue Maus mit einer entsprechend verklemmten, aber immerhin vorhandenen Sexualität. In Europa würde er es sich nie erlauben, an einen Seitensprung auch nur zu denken; aber drüben in New York wäre das etwas ganz anderes, und insgeheim oder eigentlich fast schon unbewusst sehnt sich Lamm auch nach so einem schönen, intensiven Erlebnis. Nun haben Sie schon seit Jahren ein paar Freunde in New York, die sich dort sehr gut auskennen und viele Bekannte haben. Darunter auch eine kleine Sekretärin, die schon viele Erfahrungen mit Vorgesetzten, auch intimer Natur, gesammelt hat und immer ein wenig mehr Geld ausgibt, als sie verdient. Judy wird von einem Ihrer Freunde leicht dafür zu gewinnen sein, das folgende Spielchen mit-zumachen. Ihre New Yorker Bekannten kennen natürlich auch Lamm, sind aber nicht mit ihm, sondern mit Ihnen befreundet. Auf Ihren Vor-schlag hin werden diese beiden Freunde bei Lamms nächstem Besuch ihn gediegen zu einem Abendessen einladen und Judy als gemeinsame Bekannte mitbringen. Judy, entsprechend in-struiert und entlöhnt, wird dem Lamm Kompli-mente machen und zeigen, dass sie ihn für einen ungemein interessanten Mann hält. Sie ist ohne-hin schon immer fasziniert gewesen von Eu-ropa und den Europäern, und gleich am ersten Abend wird es mindestens so weit kommen, dass sie ihm ihre Telephonnummer gibt. Beim nächsten Mal ist es dann soweit, dass die beiden sehr vertraulich, möglicherweise schon intim werden. Dann wird Judy, entsprechend infor-miert und salariert, aus Lamm alle Informationen herausholen, die Sie benötigen und die Ihnen über Ihre Freunde in New York vermittelt werden. Nach Lamms viertem oder fünftem Trip nach New York — seine Reisen dorthin haben sich übrigens in der letzten Zeit etwas gehäuft — werden Sie Lamm ansprechen und harmlos fragen: «Haben Sie nicht auch die muntere Freundin von John Oldwin, die kleine Judy, kennengelernt?» Lamm ist verdattert, zugleich alarmiert. Er weiss, dass Sie alles wissen, weiss aber nicht, was Sie mit Ihrem Wissen anfangen. Die Angelegenheit wird vorläufig nicht weiter verfolgt, bleibt aber im Raume stehen. Sie werden Lamm natürlich nicht erpressen; das wäre der zu schmutzige Trick, der schliesslich wieder auf Sie zurückfallen würde. Aber Sie werden ohne eigenes Zutun feststellen können, dass Ihnen Lamm seine Koalition anbietet und auf eigene dirty tricks, ja sämtliches Power Play gegen Sie verzichtet. Dadurch wird Ihre Position ihm gegenüber immer besser, und die Wahrscheinlichkeit wächst, dass Sie ihn bei der Wahl zum Generaldirektor überrunden. Denn Lamm kann seine Machtmittel nicht voll ausschöpfen.

Das Power Play hat etwas von der Vornehmheit des Schachspiels: Der König wird matt gesetzt, nie gefressen.

Übrigens hat sich die Geschichte mit Judy auch für die Firma als ein grosser Vorteil erwiesen. Da Direktor Lamm seine häufigeren Reisen nach New York vor dem Unternehmen, vor allem aber vor sich selber rechtfertigen musste

— hatte er doch ein ganz, ganz schlechtes Gewissen (vor seiner Frau und vor der Firma, die ihm die Spesen bezahlte; allerdings hat er nie Firmengeld für Judy ausgegeben; einen so katastrophalen Fehler hat er natürlich nicht gemacht) —, entfaltete er eine sehr viel stärkere Aktivität zugunsten des Unternehmens als bisher, mit der Folge, dass der Markt in Amerika einen aufsehenerregenden Aufschwung nahm.

Im historischen Rückblick lässt sich feststellen, dass mindestens während der Gründerzeit die ursprünglichen Eigentümer und etwas später deren unmittelbare Nachkommen Filialbetriebe in denjenigen Ländern zum Entstehen und Expandieren brachten, in denen sie attraktive Freundinnen kennenlernten. Gewisse Filialen internationaler Konzerne sind für den Kenner der Firmengeschichte heute noch mit den Namen bestimmter Mätressen verbunden.

Sünder, Sündenböcke und Opfer

In allen, selbst den grössten Unternehmen können Pannen passieren, die ein solches Ausmass annehmen, dass sie weder vertuscht noch verharmlost werden können, sondern echtes öffentliches Aufsehen erregen. Auch wenn die Firma den Skandal finanziell mühelos verkraftet, indem sie z. B. stille Reserven im Betrage von 2,5 Milliarden auflöst, kann die Angelegenheit nicht ohne Sühne bewältigt werden. Jemand muss geopfert werden. Die Gottheit Öffentlichkeit lässt sich nur durch ein solches Sühneopfer besänftigen.

Da die Gottheit zürnt und entsprechend ungeduldig ist, muss ihr das Opfer rasch dargeboten werden, d. h. man muss es nach groben und einfachen Kriterien aussuchen. Das erste Gesetz heisst: Der Grösse des Schadens muss die Grösse des Opfers entsprechen. Bei einer Panne mit 2,5 Milliarden Verlust könnte eigentlich nur der Präsident des Aufsichtsrates das angemessene Opfer sein. Wenn man diesen aber feuert, werden nicht nur das betreffende Unternehmen, sondern alle Unternehmen betroffen, wo der Präsident im Aufsichtsrat sitzt. Die Katastrophe würde vergrössert statt behoben. Ein weiterer Beweis dafür, wie gut die externe Absicherung funktioniert.

Andererseits ginge es auch nicht an, allein

den Filialdirektor zu entlassen, der den Schaden wirklich angerichtet hat, zumal er dafür später ohnehin zivilrechtlich und strafrechtlich haftbar gemacht wird. Die innere Konsequenz des Systems verlangt somit, dass der Generaldirektor, in dessen Geschäftsbereich die Filiale liegt, wo die Panne sich ereignet hat, gefeuert wird, obwohl allen völlig klar ist, dass er, der Generaldirektor, diese Panne nicht verhindern konnte. Trotzdem wird er gefeuert, und er wird, wenn er klug ist, sogar selber darum bitten, gefeuert zu werden. Würde sein Opfer nicht gebracht, dann würde die politische Opposition, meistens links angesiedelt, daraus politisches Kapital schlagen, indem sie aus dem Sonderproblem des einen Unternehmens ein Problem der gesamten Branche machte und behauptete, man müsse z. B. eine öffentlich-rechtliche Bankenkontrolle einrichten oder eine Chemiekontrolle, wie auch immer. Die politische Opposition würde auch sagen: Wenn wir über das Institut der Mitbestimmung dabei gewesen wären, hätte so etwas nie passieren können. Das ist natürlich Unsinn, aber es bringt politisches Kapital. Der Angriff muss auf jeden Fall abgewehrt werden. Er kann nur abgewehrt werden, indem ein Opfer gebracht wird, das gross genug ist, um von der erzürnten Gottheit angenommen zu werden, aber doch nicht so gross, dass es ausserhalb des Unternehmens Schwierigkeiten gibt. Alles läuft also auf den Generaldirektor zu, und er hat sein Opfer auch schon angeboten.

Da sämtliche Branchenkenner wissen, dass

der Generaldirektor unschuldig geopfert wurde, wird ein grosses Wohlwollen und Mitleiden um ihn herum ihn weitertragen, auch solange er im Warteraum steht. Nach einer angemessenen Trauerzeit wird er das Angebot erhalten, bei einem anderen Grossunternehmen einen verantwortungsvollen und etwas besser bezahlten Posten zu übernehmen. Die Rolle des Sündenbocks hat sich für ihn gelohnt. Über den bisherigen Lohn hinaus bekommt er die übliche Aufbesserung, die immer mit einem Stellenwechsel verbunden ist, und ausserdem ein Schmerzensgeld für die Wunden, die ihm als Opfer geschlagen wurden.

Ehrlicherweise muss gesagt werden, dass der Generaldirektor in unserem fiktiven Fall eine sehr hohe Moral an den Tag legte, indem er ohne jede Schuld sich freiwillig anerbot, durch sein Opfer das Problem für die Firma zu lösen. Dass nachher Belohnungen kamen, die, hinterher betrachtet, seine Moral objektiv weniger hochstehend erscheinen lassen, weil sie grösser waren als das Opfer, ist keineswegs von ihm erwartet oder gar geplant worden. Es handelte sich dabei ganz einfach um die Überreaktion einer Kollegialität, wie sie eben so spielt auf den höheren Ebenen des Managements.

Übrigens muss vermerkt werden, dass sich auch der Aufsichtsratsvorsitzende in unserem fiktiven Fall anerboten hatte, zurückzutreten, schon weil er noch weniger echte Verantwortung an der Panne trug als der schliesslich geopferte Generaldirektor. Dem Aufsichtsratsvorsitzenden wurde indessen sein Opferwille schnell ausgeredet. «Herr Apel, wenn Sie zurücktreten, schaden Sie der gesamten Wirtschaft. Sie sind ja nicht nur für Ihr Unternehmen verantwortlich, sondern zugleich für alle anderen Unternehmen, in deren Aufsichtsrat Sie sitzen und denen Sie Ihren Ruf und kompetenten Rat leihen. Wenn Sie hier zurücktreten, dann wird todsicher an einer anderen Generalversammlung irgendein idiotischer Kleinaktionär seine grosse Rede halten und ganz ordinär fragen: ‹Können wir uns den Pannenfritzen von der anderen Gesellschaft, wo er doch zurücktreten musste, noch leisten?› Also müssen Sie im Interesse unserer Branche und aller anderen Branchen bleiben, in derselben Verantwortung, die Sie immer verantwortungsvoll wahrgenommen haben, ganz abgesehen davon, dass man Ihnen wirklich nichts vorwerfen kann.» In der Tat hatte sich Aufsichtsratsvorsitzender Apel nichts vorzuwerfen, nicht mehr jedenfalls als der gefeuerte Generaldirektor, dessen späteres Schicksal wir schon dargestellt haben.

Der beschriebene Vorgang ist der Fall des Sündenbocks, der zur Besänftigung der Gottheit geopfert, dann aber später für sein Opfer von anderer Seite massiv belohnt wird, so dass wir ihn eigentlich den nur symbolischen Sündenbock nennen können. Nicht weiter interessant ist für unsere Darstellung der wirkliche Sünder selbst, den man bei der Riesenpanne mindestens dann eruieren kann, wenn die Riesenpanne durch aktives, z. B. spekulatives Verhalten verursacht wurde. Sogar die Gesetze des Staates, selbst die Strafgesetze funktionieren in diesem Fall; sogar der Staatsanwalt wird den echten Sünder schliesslich finden.

Etwas anders liegt der Fall, wenn die Riesenpleite durch blosse Unterlassungen hervorgerufen wurde, z. B. nach dem Gesetz der 50jährigen Männer, das wir schon erläutert haben. Dann wird bei der Riesenpleite der Staat, bevor er mit massiven Subventionen zur Sanierung schreitet, ein Opfer fordern. Da unter den 50jährigen Männern die Verantwortung nicht zu lokalisieren ist, aber dennoch einer geopfert werden muss, wird man denjenigen suchen und finden, der einen von den scheinbar kleinen Fehlern gemacht hat, die wir als besonders gefährlich in diesem Buch noch beschreiben werden. Opfer wird z. B. einer, der kürzlich einmal in angetrunkenem Zustand ertappt wurde.

Der dritte Fall ist der grausamste, nämlich jener, wo jemand geopfert wird, obwohl überhaupt nirgends eine Panne oder ein Skandal passiert ist. Man könnte ihn unter das Motto stellen: Es rast der See und will sein Opfer haben. Jedes grössere Unternehmen muss sich seine eigene Dynamik dadurch beweisen, dass es hin und wieder einen hohen Manager feuert, auch wenn dafür überhaupt kein objektiver Grund besteht. Damit erreicht es zugleich zwei weitere Vorteile: Den jüngeren Managern wird demonstriert, dass es im Unternehmen Aufstiegschancen gibt, weil auch hin und wieder ein noch in den besten Jahren stehender Manager seine Stelle Knall und Fall verliert, so dass auf der oberen Stufe immer wieder Löcher entstehen, in die die Jüngeren nachrücken können. Den jüngeren *und* den älteren Managern wird ausserdem klargemacht, dass die Stühle, auf denen sie sitzen, keineswegs als sichere Pfründe anzusehen sind. Die Situation des Managers muss immer und überall riskant bleiben, damit er nicht etwa zu meinen beginnt, er könne sich auf irgendwelchen Lorbeeren ausruhen. Irgendein amerikanischer Topmanager hat dies einmal so ausgedrückt: life is risky at the top.

Wir können Sie allerdings beruhigen. Der Blitz, der scheinbar zufällig immer wieder mal einschlägt, trifft doch nur den, der sich am falschen Ort befindet; konkret gesprochen heisst dies, dass sich das grundlose und unschuldige Opfer wiederum stets im Kreise derer finden lässt, die die Regeln dieses Buches nicht beachten. Das Unternehmen bestraft nicht wegen eines Misserfolges, der gar nicht vorhanden ist, sondern es bestraft den Regelverstoss als solchen aus der Überlegung, dass einfach ein Opfer her muss.

Die Prominenz

Oberhalb der Topmanager gibt es eine Sphäre, eine schon fast überirdische, in der sich nur einige wenige Auserwählte bewegen: die Prominenz. Zur Wirtschaftsprominenz gehören von Natur aus und aufgrund ihrer Position von jedem Grosskonzern nur zwei Personen: der Präsident des Aufsichtsrates und der Präsident der Generaldirektion. Selbstverständlich gehören dazu auch die erfolgreichen Eigentümer gewisser Unternehmen, zumal sie ja immer zugleich Präsidenten ihrer Aufsichtsräte sind. Wer zur Prominenz gehört, vor dem fallen alle Schranken. Der Prominente kann ohne jeden Nachteil z. B. mit einem kommunistischen Künstler in einem öffentlichen Lokal sich zeigen. Diese Toleranz entspricht wiederum einer gewissen Gesetzmässigkeit: Prominenz leitet sich immer von Prominenz ab; wenn Abs sich mit Helmut Schmidt trifft, dann bescheinigt jeder dem anderen, dass er zur Prominenz gehört. Keinem Prominenten werden Verbindungen zu anderen Prominenten aus irgendeinem anderen politischen Lager zum Vorwurf gemacht. Im Gegenteil: man spricht dann von den *nötigen* Kontakten der Spitzen der Wirtschaft, der Wissenschaft und der Politik.

Dass sich aus dem Prominenzbescheinigungsbedürfnis der Prominenz sogar ein Ge-

schäft machen lässt, zeigen die Davoser Symposien, die alljährlich von einem Genfer Professor
organisiert werden, der es verstanden hat, seine
Veranstaltung so exklusiv zu gestalten, dass sie
für die Prominenz attraktiv geworden ist. Wenn
der frühere Premier-Minister von England, der
Botschafter Deutschlands in China und der
letzte Nobelpreisträger für Wirtschaftswissenschaften Vorträge halten, dann dürfen dazu natürlich nur wirklich Prominente kommen, deren Firma sie zum Symposium entsendet und
für die Ehre, die mit der gegenseitigen Promi-
nenzbescheinigung verbunden ist, dem Genfer
Professor sehr viel Geld zahlt. Hinzu kommt,
dass die Redner so prominent sind, dass sie für
ihre Vorträge keine Honorare mehr verlangen,
sondern wiederum damit zufrieden sind, dass
sie sich selber durch ihren Vortrag vor der
Prominenz Prominenz bescheinigt haben.

Je höher ein Topmanager auf der Stufenleiter
gestiegen ist, desto mehr entsteht, nach der
Befriedigung aller finanziellen Bedürfnisse, die
Sehnsucht, irgendwie am höheren Ruhm der
Weltgeschichte teilzunehmen. In die Weltgeschichte wird man natürlich nie dadurch eingehen, dass man einmal zehn Jahre Präsident des
Aufsichtsrates von Pandora war. Man könnte
aber vielleicht dafür sorgen, mindestens zu Lebzeiten dadurch bekannt zu werden, dass man
z. B. mit einem weltberühmten Filmstar, mit
dem Bundespräsidenten oder mit Barnard befreundet ist.

Dass es der Wirtschaftsprominenz zu ihrem

eigenen Leidwesen nicht so richtig gelingen will, sich ihre Prominenz bei der Prominenz des Geisteslebens bescheinigen zu lassen, liegt schlicht darin begründet, dass es Böll, Frisch, Grass usw. ganz einfach nicht interessiert, sich mit Wirtschaftsbossen zu unterhalten, es sei denn, sie möchten gerade ein Buch über Wirtschaftsbosse schreiben, was ziemlich unwahrscheinlich ist. Jetzt rächt sich das konventionelle Vorleben der grauen Maus; jetzt, wo der Topmanager es sich leisten könnte, ein bunter Vogel und damit auch für einen berühmten Schriftsteller ein interessanter Gesprächspartner zu werden, jetzt ist es zu spät — er kann sich das Fell der grauen Maus, das er seit 20 Jahren trägt, nicht über die Ohren ziehen.

Hinzu kommt, dass Wirtschaftsprominenz immer auf einem Clubbewusstsein beruht. Prominenz muss sichtbar und überall vorhanden sein; auf eine Stadt von einer Million trifft es etwa 100. Dazu gehören unsere Topmanager, die Toppolitiker, einige bekannte Wissenschaftler, insbesondere Chirurgen oder sonstige Professoren, die öfters im Rampenlicht stehen, was mit ihrer wissenschaftlichen Qualifikation überhaupt nichts zu tun zu haben braucht.

Eine wichtige Rolle bei der Bescheinigung des Prominentseins spielen die Journalisten, vor allem die Redakteure von Klatschkolumnen. Da die Journalisten jedoch nicht daran interessiert sind, die wirklichen Ränge zu bezeichnen, vielmehr daran, dem breiten Publikum wichtige Tiere oder scheinbar wichtige

Tiere vorzuführen, entsteht die Gefahr, dass der wirklich Prominente, der mehr als einmal im Jahr in der Klatschkolumne erwähnt wird, sei es weil er bei einer Vernissage, sei es bei der Uraufführung eines Theaterstückes dabei war, in den Geruch kommt, zu eben jener Scheinprominenz zu gehören, die den Inhalt der Klatschspalten bildet.

Eigentlich ist das ganze für den Topmanager, der es sich jetzt endlich leisten könnte, sich mit interessanten Leuten zu umgeben, eher frustrierend. An Karajan wagt er sich schon gar nicht heran; ausserdem wüsste er nicht recht, was er mit ihm zu besprechen hätte. Schliesslich wird sich auch unser Topmanager, der ja inzwischen 60 Jahre alt geworden ist, damit abfinden, seine Prominenz auf höherer Ebene, aber in ebenso konventioneller Form darzustellen wie früher die Statussymbole der grauen Maus: Er wird z. B. mit dem Präsidenten der Bundesbank auf die Hochseefischerei oder mit dem Präsidenten der Pandora auf Bärenjagd in den Karpaten gehen. Das alles kann natürlich sehr gemütlich sein, doch ist es nicht eigentlich das, wovon man nach einem so langen und entbehrungsreichen Leben geträumt hat. Freilich sind auf dem langen Weg nach oben auch die Träume verflogen.

Inzwischen werden auch die Manager unter dem Topmanager dafür sorgen, dass die Supermaus möglichst oft und lange jagt oder fischt, jedenfalls vom Hauptsitz des Konzerns abwesend ist, damit sie daran gehindert wird,

Fehlentscheide zu treffen, die mit zunehmendem Alter naturgemäss häufiger werden. Die Tragik der Supermaus bleibt die Tragik der grauen Maus. Nach allen Legenden sollte die Schönheit des Alters die Weisheit sein. Ein Managerleben aber ist so konstruiert, dass es auch im Alter selten zur Weisheit führen kann. Darum wird auch unser Topmanager niemals der Autor dieses weisen Buches sein können. Vielleicht käme er auf die Idee, einen jüngeren und noch ziemlich erwerbslosen Schriftsteller als Ghostwriter für seine Memoiren zu engagieren; doch könnten sich aus diesem Vorhaben bestenfalls Memoiren ergeben, wie Memoiren nun eben einmal sind: nämlich eine Reihe von Anekdoten, vor allem mit prominenten Leuten, worin der Alte jeweils besser wegkommt, als es in der historischen Wirklichkeit der Fall war.

Die Legenden von der Arbeit und von der Verantwortung

Alle Manager reden ständig von ihrer schweren Verantwortung, und damit wollen sie zweierlei rechtfertigen: Erstens dass sie sehr viel Geld verdienen, und zweitens dass sie im Grunde nicht arbeiten. Es gibt also eigentlich zwei Legenden: die Legende von der Arbeit und die Legende von der Verantwortung.

Dass ein Topmanager nicht arbeitet, ist durchaus normal und begründet keinerlei Vorwurf, denn je höher jemand in einer Machthierarchie steht, desto mehr hat er nur noch dafür zu sorgen, dass die anderen arbeiten, und deren Arbeit zu kontrollieren. Ein General liegt schliesslich auch nicht im Schützengraben, es sei denn anlässlich einer Demonstration für die Presse. Natürlich ist das Kontrollieren auch eine Beschäftigung; sie aber Arbeit zu nennen, bei welchem Wort man doch etwa an die Tätigkeit eines Handwerkers, Anwalts oder Arztes denkt, ist mindestens nicht ganz exakt, wenn nicht gar irreführend. Trotzdem sprechen alle Topmanager dauernd von ihrer Arbeitsüberlastung. Natürlich *schlafen* sie nicht in ihren Büros; sie kommen sogar meistens schon um acht Uhr früh ins Geschäft, gehen allerdings sehr oft um halb zehn wieder weg, gleichgültig wohin, bleiben aber immer erreichbar — dafür ist die Sekretärin da. Auch wenn der Herr Generaldirektor sich in einem öffentlichen Haus befinden sollte oder, was häufiger der Fall ist, zwischen zwei Löchern auf dem Golfplatz, müssen ihm telephonisch Nachrichten überbracht werden können. Nicht erreichbar zu sein ist eine der schwersten Sünden im Leben eines Managers.

Wie verhält es sich aber in den Ferien? Auch Manager haben nur Anspruch auf etwa fünf Wochen Ferien im Jahr. In diesen Ferien, die unser Manager z. B. im Suvretta in St. Moritz verbringt, brauchte er eigentlich nicht erreichbar zu sein; er wird es aber mit Vorteil so einrichten, dass die Sekretärin ihm hin und wieder Telexe durchgibt, was für ihn — nebst einer laufenden Orientierung für das Power Play — im Hotel die angenehme Folge hat, dass das Personal sofort auf seine Wichtigkeit aufmerksam wird und ihn mit der ihm gewohnten Bevorzugung behandelt.

Zur Ferienverlängerung gibt es zwei Tricks, die sich sehr bewährt haben. Der erste Trick ist der Klausurtrick. Der Klausurtrick besteht darin, dass der Manager an seine Ferien im Suvretta eine Woche anhängt, in dieser Woche aber jeden Tag zweimal seiner Sekretärin telephoniert und ihr die Ergebnisse seiner Überlegungen mitteilt — im vollen Bewusstsein, dass die Sekretärin im Unternehmen herumerzählt, der Manager sei am Denken. Diese Tage sind selbstverständlich keine Ferien mehr, sondern eine Klausurtagung mit nur einem einzigen Mitglied, das eben wegen Arbeitsüberlastung sonst zum Denken keine Zeit hat. Der Klausurtrick kann erforderlichenfalls auch dafür verwendet werden, dass eine Sekretärin, die zufällig oder nicht zufällig mit dem Chef ein Verhältnis hat, die Zwischenresultate des Nachdenkens im Suvretta in der Form von Notizen oder kleinen Tonbändern abholt. Denn es ist selbstverständlich ganz unmöglich — und würde selbst dann, wenn keinerlei Tatsachen damit verbunden wären, zu den wildesten Gerüchten führen —, dass der Chef und die Sekretärin «zufällig» gleichzeitig Ferien machen. Auch aus anderen Gründen verbietet es sich: einer von ihnen muss immer den Platz halten; andernfalls könnten die Kollegen ungestört Intrigen spinnen oder gar einen Putsch planen. Eine gute Sekretärin wird ausserdem in Abwesenheit ihres Chefs sich eine Stufe höher schalten, indem sie jetzt selber diejenigen Informationen verlangt, die sonst nur dem Chef zustehen, z. B. wird sie im Büro der Sekretärin des Direktionskollegen vorbeikommen und sagen: «Ruth, gib mir doch bitte das Protokoll der letzten Direktionssitzung, an der mein Chef wegen seiner Klausur nicht anwesend sein konnte, damit ich es ihm sofort schicken kann; ich muss ihm sowieso noch den Brief des Präsidenten der Arbeitgebervereinigung nachsenden.»

Der zweite Trick ist der Trick des verlängerten Wochenendes mit vorausgeschalteter zweijähriger Ferienlosigkeit. Auch dieser hat sich bewährt. Sie kommen frisch in einen Betrieb, arbeiten sich eifrig ein und erklären, dass es Ihnen wegen Arbeitsüberlastung leider unmöglich ist, Ihren Ferienanspruch geltend zu machen. Nach etwa zwei Jahren wird allgemein getuschelt, dass Direktor Tropdezèle in seiner Arbeit nicht nur völlig aufgehe, sondern sich in ihr sogar aufreibe. So kann Direktor Tropdezèle damit rechnen, dass eines Tages der Präsident des Unternehmens, dem Tropdezèle im Flur zufällig begegnet, ihn an der Schulter nimmt und sagt: «Also Herr Tropdezèle, jetzt müssen Sie endlich einmal abschalten; Sie sind für mich ein zu wichtiger Mann, als dass ich es riskieren könnte, Sie wegen eines Herzinfarkts zu verlieren. Unter uns, ich *befehle* Ihnen, dass Sie jetzt endlich einmal in Urlaub gehen und mal richtig abschalten. Übrigens — das sage ich nur Ihnen — gehen Sie mit Ihrer hübschen Frau ins Palace in Silberwald, da bin ich seit Jahren immer sehr gut bedient worden; der Direttore Agostino — Sie können sich auf mich berufen — wird Sie sicher ebenso vorzüglich behandeln wie mich.» Jetzt hat Direktor Tropdezèle mit einer Klappe zwei Fliegen getroffen. Zum einen wird er nun, da er im selben Hotel absteigen darf wie der Präsident, vor seinen Kollegen profiliert, vom Hauch der Exklusivität und des unweigerlich eintretenden Aufstieges umgeben; zum anderen wird er jetzt den Trick der verlängerten Wochenenden ausgiebig anwenden können. Er wird immer wieder einmal auch am Montag abwesend sein können; denn das Gerücht, dass er äusserst stressiert ist und sich kaum je Entspannung gönnt, wird ihn für immer begleiten.

Wir haben zuvor behauptet, dass Topmanager nicht eigentlich arbeiten. Die Aussage muss insofern relativiert werden, als sich beim höchsten Topmanager Arbeit und Freizeit überhaupt nicht mehr unterscheiden lassen. Wenn sich der höchste Topmanager auf dem Golfplatz befindet, hat er immer auch äusserst wichtige Gespräche mit anderen Topmanagern, die ebenfalls nicht arbeiten, sich aber durch diese Gespräche gegenseitig bescheinigen, dass sie arbeiten. Die Sache ist ambivalent. Die bösen Mäuler würden sagen, dass die Topmanager immer in den Ferien sind; die guten Münder würden sagen, dass sie immer arbeiten.

Die Topmanager sind so weit erhöht über die gewöhnlichen Menschen, die im Betrieb arbeiten, dass sie auch deren Blicken und möglichen Kontrollen von unten vollständig entzogen sind. Es wird nie geschehen, dass ein Arbeiter in einer Betriebsversammlung sich darüber beklagt, dass der Topmanager Stark zu oft beim Skifahren oder Golfspielen zu erblicken sei. Dagegen würde sich der Arbeiter sofort beschweren, wenn er sieht, dass sein direkter Vorgesetzter die Arbeitszeit nicht pünktlich absolviert. Bestehen nur genug Trennungsstufen zwischen dem Untergebenen und dem Vorgesetzten, wird die Kontrolle von unten nicht nur unmöglich, sondern sogar *undenkbar*. Wer sich ganz oben befindet, geniesst den Kredit eines Gottes, der jedem Urteil entzogen ist. Die Götter auf dem Golfplatz sind so weit entrückt, dass nie jemand genug von ihnen zu sehen bekommt, um sie kritisieren zu können.

Immerhin besteht da noch ein gewisses Problem. Bei ganz grossen Konzernen kann es wegen der grossen Zahl der Topmanager doch hin und wieder auch den Untergebenen auffallen, dass jene nur sehr unregelmässig in ihrem Büro anzutreffen sind. Das kann zu Missverständnissen und Verstimmungen führen, und diesen Misshelligkeiten muss vorgebeugt werden. Es muss verhindert werden, dass die Nichtarbeitenden und die Arbeitenden sich gegenseitig in ihrer Tätigkeit stören. Deshalb sind viele Grosskonzerne auf die Idee gekommen, die Nichtarbeitenden von den Arbeitenden auch räumlich abzusondern in eine Konzernzentrale. Darum befinden sich fast alle Konzernleitungen in der City einer Grossstadt mit Flughafen, selbst wenn die Fabrikationsbetriebe weit draussen auf dem Land liegen. Der Laie würde vermuten, dass sich daraus Kommunikationsschwierigkeiten ergeben. Das ist durchaus nicht der Fall. Kommunizieren müssen die Topmanager nur mit anderen Topmanagern; ihre direkt Untergebenen befinden sich ebenfalls in der Konzernzentrale, und nur diese müssen ständig hin- und hertelephonieren und hin- und herreisen zwischen der ländlichen Fabrikationsstätte und der städtischen Zentrale. Die geographische Distanz zwischen den Arbeitsstätten und dem Ort der nicht mit Arbeit Beschäftigten ist übrigens völlig irrelevant für das Gedeihen des Unternehmens. Relevant allerdings ist sie für das Wohlbefinden der Topmanager und zugleich für deren Ansehen. Je grösser die Distanz, desto höher das Ansehen. (Die wenigen nötigen Mitteilungen, die zwischen der Oberschicht und der Basis ausgetauscht werden müssen, lassen sich ohnehin elektronisch, durch Telephon, Telex usw. übermitteln.) Es bringt immer mehr Ansehen, wenn jemand von weither kommt. Nicht von ungefähr gilt im Deutschen die Redeweise als abwertend, wenn von jemandem gesagt wird, ‹der sei nicht von weit her›. Wenn ein Topmanager von Frankfurt nach London fliegt, dann bedeutet dies viel mehr, als wenn er von Birmingham nach London käme, obwohl die Zeitdistanz genau die gleiche ist. Es kommt eben auf die geistige Distanz an. Wenn der Topmanager von Birmingham kommt, handelt es sich um einen Besuch; kommt er aber von Frankfurt oder gar von New York, dann ist es eine Inspektion. Wenn Sie von Birmingham kommen, wird man in London ohne weiteres sagen: «He dropped in»; wenn Sie aber von Frankfurt kommen, wird so ein Spruch niemals fallen. Im Gegenteil: es wird Ihnen, bildlich gesprochen, ein roter Teppich vor dem Flugzeug ausgerollt. In jeder Hinsicht werden Sie nach der höchsten Protokollstufe behandelt.

Dass Topmanager nicht arbeiten hängt auch mit dem System und letztlich unabänderlichen Gesetzen zusammen. Wenn der Topmanager jede Materie, die in seinem Departement zu bearbeiten ist, selber behandeln wollte, könnte er die Arbeit gar nicht bewältigen. Würde er sich dagegen auf ein Einzelgebiet spezialisieren, dann hätte er den Überblick nicht mehr, den man von ihm erwartet. Das Wichtigste aber ist, dass er dann ständig auf dem neuesten Wissens- und Könnensstand bleiben müsste, wie eben die Spezialisten, die unter ihm arbeiten. Nun sind aber auch Manager dem Gesetz des Älterwerdens ihres Wissens unterworfen; wie ältere Landärzte würden sie ihre Behandlungsmassnahmen nach einem Wissensstand treffen, der schon vor 30 Jahren überholt war. Also ist der Manager gezwungen, das Wissen der jungen Spezialisten zu usurpieren, nicht indem er sich von diesen genau informieren lässt, sondern indem er sie einfach dort einsetzt, wo sie mit ihrem Wissen für das Unternehmen am meisten Leistung erbringen. Leider müssen wir auch in diesem Zusammenhang eine Legende zerstören, nämlich die Legende, dass Manager und Topmanager ständig umlernen und neu dazulernen müssen. Der Manager muss nur soviel wissen, dass er die unter ihm von den Spezialisten erbrachten Leistungen einigermassen sinnvoll koordinieren und das heisst: die Macht ausüben kann. Es gilt z. B. als ungewöhnlich, wenn ein Manager sich in der Computertechnik wirklich auskennt. Er muss nur wissen, wer in der Computertechnik der Spezialist ist, damit er z. B. sagen kann: Für diesen Fall hole ich mir meinen Meier; der versteht das ganz ausgezeichnet.

Hat unser Manager das Gefühl, dass sein Meier der Sache eventuell nicht gewachsen sein könnte, dann beruft er einen Professor aus dem Spezialgebiet als Consultant; und deshalb ist es auch nicht verwunderlich, dass das Consultingwesen in den letzten Jahren so gewaltig zugenommen hat und mit Sicherheit weiter zunehmen wird. Das Consultingwesen hat zudem den bereits beschriebenen Vorteil, dass man die Verantwortung auf einen aussenstehenden Experten abschieben kann. Da das Unwissen jener, die entscheiden, immer grösser wird im Vergleich zum Wissen jener, die nicht entscheiden, nimmt das Consultingwesen immer grössere Ausmasse an.

Die Konstanz eines Unternehmens ist letztlich ein Teil seiner Leistungsfähigkeit, auch wenn die Konstanz sich zu Ungunsten der Leistung auswirkt. Denn was wäre die Alternative? Man müsste wegen des ständig sich erhöhenden Wissensstandes im gleichen Rhythmus ständig die Führerschicht auswechseln, also etwa alle drei bis vier Jahre, was zu total chaotischen Verhältnissen führen würde. Deshalb ist es nötig, dass das Unwissen herrscht. Für den Manager gilt das Gegenteil von dem, was man von einem Spezialisten zu sagen pflegt. Von einem Spezialisten sagt man, dass er immer mehr weiss über immer weniger und am Schluss alles über nichts. Der Manager dagegen weiss nichts über alles. Damit hängt es zusammen, dass man sich mit einem Manager — und besonders mit einem Topmanager — über nichts vertieft unterhalten kann, und deshalb ist es auch so langweilig, als Aussenstehender, z. B. als prominenter Schriftsteller oder Wissenschaftler, mit ihm ein Gespräch zu führen.

Hand in Hand mit der Legende von der Arbeit

geht die Legende von der Verantwortung. Vielleicht könnte Ihnen einer der Topmanager in einer ehrlichen Stunde sogar zugeben, dass das, was er zu tun hat, nicht eigentlich als Arbeit bezeichnet werden kann. Dafür wird er aber um so ernsthafter betonen, dass er eine ungeheure Verantwortung trage; denn von seinen Entscheiden hänge schliesslich das Schicksal der Firma und der zahlreichen Arbeitsplätze ab, die die Firma zur Verfügung stellt. Von aussen gesehen verhält es sich *tatsächlich* so, und nur deshalb auch konnte die Legende von der Verantwortung überhaupt entstehen. Wir vom Publikum meinen, wenn wir dem Generaldirektor eines Grosskonzerns gegenübersitzen (höchstens in der Phantasie natürlich), dieser sei gewissermassen die ganze Firma, jedenfalls bestimme er effektiv alles, was unter seiner Führung geschieht. Man kann also sagen, dass der Generaldirektor in der Tat nach aussen die ganze Symbolik der Verantwortung wie eine Fahne vor sich herträgt.

Was der Aussenstehende dagegen nicht kennt, sind die folgenden Gesetzmässigkeiten. Wenn in einem Unternehmen alles normal läuft, in einer kontinuierlichen Entwicklung mit normalen Gewinnen und normaler Expansion, dann ist das, was dem Wort Verantwortung entsprechen könnte, ein so leeres Schema, wie wenn jemand sagen wollte, er sei für die günstige Konjunkturlage verantwortlich. Anders verhält es sich, wenn ein ungewöhnliches Ereignis eintrifft, ein besonders günstiges oder ein besonders ungünstiges. Tritt ein besonders günstiges Ereignis ein, haben sich z. B. die Gewinne gegenüber dem letzten Jahr verdoppelt: dann wird unser Generaldirektor dafür sorgen, dass die Entscheidungen, die die günstige Entwicklung hervorgerufen haben, ihm zugeschrieben werden, auch wenn es sich um Entscheidungen seiner Kollegen oder Untergebenen handelt. Er wird dabei auch niemals zugeben, dass das günstige Ereignis, wie es meistens zutrifft, einem Zufall zu verdanken ist. Z. B. wird es ewig ein Rätsel bleiben, warum die Zigarettenmarke Camel ein so gewaltiger Erfolg wurde, während andererseits Jahr für Jahr neun von zehn neu lancierten Zigarettenmarken ein Flopp werden und nach kurzer Zeit wieder vom Markt verschwinden. Aber einmal angenommen, es lasse sich eine gewisse Kausalität für einen gewissen Erfolg feststellen, wie z. B. damals beim VW Golf, dem in der Tat höchst intensive Studien vorausgegangen waren, dann wird unser Manager sich diesen Erfolg auf jeden Fall selber zuschreiben, auch wenn er damit nichts oder nur wenig zu tun hatte.

Die andere Seite der sogenannten Verantwortung zeigt sich im Falle des ungünstigen Ereignisses. Jetzt werden alle Vorteile der höchst komplizierten Arbeitsteilung im modernen Management mit äusserster Brutalität genützt. Jetzt zeigt sich mit grösster Deutlichkeit der Unterschied zwischen Macht und Verantwortung. Macht schützt vor Verantwortung. Der

Mächtige kann die Verantwortung wie die Arbeit nach unten abschieben oder auf viele verteilen. Dem liegt ein ganz einfacher Mechanismus zugrunde. Angenommen, ein deutsches Fernsehgerät lässt sich auf dem Markt nicht in genügender Menge absetzen und bringt das Unternehmen in die roten Zahlen. Dann wird natürlicherweise zunächst versucht, den Verkaufschef für den zu geringen Absatz verantwortlich zu machen. Dieser reagiert blitzschnell: «Ich habe Ihnen, meine Herren, ja schon vor zwei Jahren gesagt, dass bei dem von der Produktion kalkulierten Preis unser Gerät sich gegenüber der Konkurrenz nur sehr schwer wird durchsetzen können. Nachdem sich in der Zwischenzeit zudem das Verhältnis zwischen D-Mark und Yen drastisch verschlechtert hat, ist unsere Situation noch schwieriger geworden.» Damit hat der Verkaufschef für sich zwei Ziele erreicht. Zum einen hat er die Verantwortung — teilweise — auf den Produktionschef abgeschoben, doch nicht etwa vollständig; denn er will sich diesen ja nicht gleich zum Feind machen. Deshalb hat er zweitens auf das Schicksalhafte der Entwicklung verwiesen, nämlich auf das von niemandem zu beeinflussende Währungsverhältnis zwischen D-Mark und Yen. Nun muss sich der Produktionschef verteidigen. Er wird das ganz einfach mit dem Hinweis tun, dass er den Stückpreis des Produktes ganz wesentlich hätte senken können, wenn die Verkaufsabteilung in der Lage gewesen wäre, ihm grössere Mengen abzunehmen, und dann wäre die Unternehmung auch gegenüber den Japanern konkurrenzfähig geblieben. Vielleicht wird der Leser jetzt denken, dass der Aufsichtsrat sowohl den Verkaufschef als auch den Produktionschef, beide Direktionsmitglieder, auf die Strasse stellt. Weit gefehlt. Der Produktionschef und der Verkaufschef werden in der Generaldirektion je mindestens einen Verbündeten finden, der das Volumenargument bzw. das Preisargument unterstützt. Diese Bündnispartner finden sie aus einem leicht zu erklärenden psychologischen Grund: jeder von den anderen denkt sich, dass er bei nächster Gelegenheit, bei einer eigenen Panne, seinerseits auf die Unterstützung eines Kollegen angewiesen sein könnte. Der Aufsichtsrat, der ursprünglich einen einzigen Sündenbock suchen und verantwortlich machen wollte, steht jetzt vor der Situation, dass die Verantwortung sich auf vier Personen oder noch mehr verteilt, und vor dieser Situation muss er ganz einfach kapitulieren. Es ist unmöglich, in einem Unternehmen auf einen Schlag vier oder fünf Führungskräfte zu entlassen. Fazit: die Verantwortung wird immer so aufgeteilt, dass niemand sie mehr trägt. Wenn dieses Gesetz schon in einem so einfachen Falle spielt, wieviel mehr dann in den noch häufigeren komplizierten Fällen.

Immer ist auch bei allen Beteiligten die Tendenz festzustellen, unbeeinflussbare, objektive Gründe für ein Debakel zu finden, für die niemand verantwortlich ist: unsichere politische Verhältnisse für den Markt in Lateinamerika,

Währungsverluste beim Dollar, Importrestriktionen in verschiedenen europäischen Ländern usw. usw. Nur im extremen Notfall werden Argumente gesucht, die dem persönlichen Verhalten eines Beteiligten anzulasten sind.

Wenn schon die internen Verantwortlichkeiten in grösseren Unternehmen so schwer zu lokalisieren und zu personifizieren sind, wen kann es dann noch verwundern, dass die externe Verantwortlichkeit praktisch überhaupt nie konkretisiert wird? Haben Sie je von einer erfolgreichen Klage eines Aktionärs gegen Manager eines Unternehmens gehört, das Misswirtschaft betrieben hat? Höchstens im Konkursfall kann die Sache aktuell werden, wenn Gläubiger und ihre Forderungen nicht mehr gedeckt sind.

Aber dieser Fall tritt bei grösseren Unternehmen aus drei Gründen höchst selten ein. Erstens wird sich jedes Unternehmen in guten Zeiten grosse stille Reserven, d. h. dicke finanzielle Polster zulegen, die dann wie im Falle der Schweizerischen Kreditanstalt ohne grosses Aufheben aufgelöst werden können, wenn eine grössere Panne eintritt. Zweitens wird, falls dieses Hilfsmittel nicht ausreichen sollte, die Branchensolidarität spielen, jedenfalls im Falle der Banken, die sich in ihrem Image insgesamt betroffen fühlen, wenn es einer ihrer Kolleginnen schlecht geht. Nötigenfalls wird das schwarze Schaf aufgekauft und verschwindet im Magen der grösseren Schwester. Im dritten, extremen Fall wird, wenn das Unternehmen gross genug ist, der Staat eingreifen und wegen der volkswirtschaftlichen Bedeutung der zahlreichen Arbeitsplätze massive finanzielle Spritzen verabreichen. Dann allerding wird es unvermeidlich, mindestens einen Sündenbock zu finden und zu opfern.

Schliesslich muss gesagt werden, dass der Manager weder arbeitet, noch Verantwortung trägt. Wir haben gesehen, dass die meisten wichtigeren Entscheidungen Kollektiventscheidungen der ganzen Direktion oder des Aufsichtsrates sind und dass bei Pannen entweder alle die Verantwortung gemeinsam vertuschen oder auf unvorhergesehene Ereignisse abschieben oder dass sie ein Opfer finden, das zwar nicht schuldig ist, das aber einen sonstigen Fehler begangen hat, einen der kleinen Fehler, die wir im letzten Kapitel dieses Buches beschreiben.

Ethnologie der Manager

Die Manager sind sich in allen Ländern der Welt im Grundsätzlichen sehr ähnlich, doch gibt es nationale Unterschiede, die recht aufschlussreich sein können und die besonders von demjenigen zu beachten sind, der von seiner Firma in ein fremdes Land geschickt wird.

Die grauesten aller grauen Mäuse kommen im deutschen Bereich vor. Dort herrscht auch eine klar sichtbare und immer strikt eingehaltene Rangordnung. Geht das Management einer Firma z. B. gemeinsam zum Mittagessen, dann wird es immer der oberste Chef sein, der zuerst durch die Tür tritt, so dass der Kellner sofort erkennt, an wen er sich zuerst zu richten hat. Die Sitzordnung wird strikte der Rangordnung entsprechen: Z. B. werden die Generaldirektoren, wenn sie sich gemeinsam mit dem Aufsichtsratsvorsitzenden zu Tische begeben, erst Platz nehmen, nachdem der Aufsichtsratsvorsitzende ihnen ihre Plätze zugewiesen hat. Auch in der Schweiz würde sicher kein Generaldirektor sich setzen, bevor der Verwaltungsratspräsident sich gesetzt hat; dann aber werden sie alle irgendwo Platz nehmen und sich möglichst einen Platz neben einem Koalitionspartner aussuchen.

In der Tiefgarage einer deutschen Grossbank wird der Kenner sofort feststellen können, wem welches Auto gehört. Der schwarze Mercedes 600 ist in der Regel ein Dienstwagen, geführt von einem uniformierten Chauffeur, und darf nur von Generaldirektoren und Aufsichtsratsmitgliedern benützt werden. Die Privatwagen der Manager entsprechen ziemlich genau deren Rang: grosse Mercedesse für Direktoren und Generaldirektoren, wobei z. B. der Mercedes 450 gegenüber dem Mercedes 300 deutlich einen Rangabstand markiert. Die unteren Kader haben BMWs, die jüngsten Mitglieder des Managements allenfalls auch Audis.

Sehr wichtig ist die Rolle des Chauffeurs. Der Firmenchauffeur muss ständig mit Uniform und Mütze herumstehen und nicht nur den Generaldirektor, der sich natürlich ostentativ in den Wagenfond setzt, herumchauffieren, sondern auch dessen Ehefrau, wenn sie Einkäufe macht. In Italien sind diese Verhältnisse allerdings noch viel ausgeprägter. Einen Chauffeur zu haben nicht nur für die Firma, sondern auch privat und ihn für möglichst niedrige Dienste auszunützen, besonders auch nutzlose, gilt dort als absolut unentbehrliches Statussymbol. Dafür sind die Italiener, was mit der katholischen und patriarchalischen Tradition zusammenhängt, mit ihren Untergebenen zwar autoritär, dann aber plötzlich wieder sehr herzlich; sie nützen ihre Macht schamlos aus, doch sind dieser natürliche Grenzen gesetzt durch die Disziplinlosigkeit der Untergebenen.

Was das Chauffeurwesen betrifft, so machen nur die beiden alten Demokratien USA und

Schweiz eine Ausnahme von dem schönen Brauch, dass jedem Generaldirektor eines grösseren Unternehmens ein Dienstwagen mit Chauffeur zur Verfügung steht. Für den Chauffeur-Gewohnten kann es ausserordentlich verwirrend werden, wenn er vom Generaldirektor selbst und nicht vom Chauffeur am Flughafen abgeholt wird. Da die USA wie auch die Schweiz ihre demokratischen Legenden mit ungebrochenem Eifer pflegen, gibt es in diesen Ländern sehr wenig Bedienstete, kaum je einen Butler, nicht viele Dienstmädchen, ganz selten auch Kindermädchen — alles Erscheinungen, die in Italien und in England immer noch selbstverständlich sind. Wenn sich Chauffeure und Dienstwagen in den USA und in der Schweiz nicht vermeiden lassen, dann doch niemals mit Trennscheibe. Auch wird sich der Chef, wenn er mit dem Chauffeur des Dienstwagens allein fährt, nie in den Fond setzen, anders als in allen anderen Ländern, sondern vorne neben den Chauffeur (auf den Todessitz).

Das demokratische Gebot in den USA und in der Schweiz hat zur Folge, dass der Manager es möglichst vermeidet, überhaupt einen Chauffeur zu benützen, denn wenn er mit ihm fährt, fühlt er sich verpflichtet, mit ihm zu sprechen, weiss aber nicht worüber; und ganz besonders möchte er die Situation vermeiden, wo er mit dem Chauffeur zusammen in einem Restaurant speisen muss. Für den Italiener würde dies keinerlei Probleme verursachen. Der italienische Boss würde das Restaurant betreten, hinter ihm der Chauffeur, die Mütze gehorsam in der Hand; der Boss setzt sich an den besten Tisch, der Chauffeur vier Tische weiter in die Ecke; der Kellner erfasst die Situation sofort und fragt den Boss, nachdem er dessen Bestellung aufgenommen hat, für wieviel tausend Lire dem Chauffeur zu speisen erlaubt sei.

Für den Schweizer und den Amerikaner ist die Situation entschärft, wenn mehrere Mitglieder der Generaldirektion zusammen den Chauffeur des Dienstwagens benützen, um in ein Restaurant gefahren zu werden. Dann werden sie den Chauffeur vor dem Restaurant entlassen und ihm ganz einfach sagen, er solle sie in zwei Stunden wieder abholen.

An den harten Gesetzen des Managements findet natürlich jede Demokratie ihre Grenze; selbst die amerikanische und die schweizerische Legende wird abgelöst durch klare Realitäten. Beginnen wir mit Amerika. In Europa ist die Meinung weit verbreitet, dass alle Amerikaner von oben nach unten wie auch von unten nach oben einander mit Vornamen anreden, also mit John, Jim, Bob usw. Dies trifft in der Tat zu, soweit es sich um den Fluss von oben nach unten handelt. Der Generaldirektor wird alle seine Untergebenen mit John, Jim oder Bob anreden; umgekehrt geht die Sache aber nur bis zur nächsthöheren Stufe. Der Vizedirektor wird seinen Direktor noch mit Vornamen anreden dürfen, nicht mehr aber den Generaldirektor. Dort heisst es dann ganz klar: «Sir!» Nun wird man sich fragen, warum denn der Vizedirektor seinem Direktor nicht auch schon «Sir» sagen muss. Die Erklärung ist sehr einfach. Der Vizedirektor wird dank der ihm vom System gestatteten Vertraulichkeit das Gefühl bekommen, dass er nicht nur vom Unternehmen zur Pflichterfüllung aufgerufen sei, sondern dass er gleichzeitig in einer menschlichen Beziehung stehe, die ihn zu mehr verpflichtet als zur blossen Pflichterfüllung. Auf diesem Wege kann das Unternehmen aus seinen Leuten mehr herausholen, als wenn die Beziehungen ganz formal wären. Jetzt hat der Untergebene das Bedürfnis, seinen Vorgesetzten, der ja, wie er meint, zugleich eine Art Freund ist, nicht zu enttäuschen, und er wird beispielsweise auch hin und wieder einmal unbezahlte Überstunden machen, selbst wenn es für seine Karriere nicht einmal von Nutzen ist. Ein weiterer Vorteil der amerikanischen Vertraulichkeit besteht darin, dass der Vorgesetzte seinem Untergebenen auf eine recht formlose Art, ohne ihn zu verletzen, auf Fehler aufmerksam machen und ihm Rügen erteilen kann: «What a goddamned shit did you make!» Die informelle Art der Rüge ermöglicht es dem Vorgesetzten, seine Emotionen rasch abzuladen, den Untergebenen auf die richtige Spur zu bringen, und der Untergebene wird bei alledem nicht eigentlich verletzt und daher auch weiterhin für das Unternehmen motiviert sein. Der informelle amerikanische Führungsstil hat insgesamt eigentlich nur Vorteile.

Den Gegensatz dazu bildet der Führungsstil der deutschen Manager. Der starren Hierarchie und den sichtbaren Rangabzeichen im deutschen Management entspricht ein Formalismus in den Umgangsformen und im Führungsstil. Der Vorgesetzte, der mit der Arbeit seines Untergebenen nicht zufrieden ist, wird nicht wie sein Kollege in Amerika seinen Tadel barsch, emotional und damit akzeptierbar abladen, sondern er wird seinen Ärger lange Zeit aufstauen, vielleicht in der Personalakte — alle Deutschen haben Personalakten — eine negative Notiz über den Untergebenen anbringen, sich da und dort über ihn beschweren, aber lange Zeit nicht mit ihm darüber sprechen. Schliesslich aber muss der Vorgesetzte, schon um seine Anweisungen durchzusetzen, das ganze Reservoir von Ärger und Missbilligung auf einmal und mit katastrophalen Folgen über den armen Untergebenen ausleeren. Er wird ihn über die Sekretärin zu sich bestellen. Schon dadurch entsteht ein verheerender Effekt, da nun mehrere an und für sich unbeteiligte Personen wissen und weitertratschen, dass sich über dem Untergebenen etwas zusammenbraut. Nun tritt dieser ins Büro des Vorgesetzten, der ihm in gehäufter Massierung, schön systematisch geordnet, schulmeisterlich alles vorhält, was er sich in den letzten Monaten an Fehlern des Untergebenen notiert hat. Damit ist es dem Vorgesetzten gelungen, das an und für sich kleine Problem so gross zu machen, dass eine Lösung jetzt sowohl für ihn wie für den Untergebenen mindestens sehr schwer geworden ist.

Am auffälligsten sind die ethnologischen Unterschiede im Managerverhalten hinsichtlich des Einbezuges der Ehe- und anderen Frauen ins Power Play. Am einen Ende der Skala steht der Amerikaner, bei dem schon aus historischen Gründen — Pionierzeit — die Ehefrau in allen Randgebieten des Power Plays eine eminent wichtige Rolle spielt. Als Randgebiete bezeichnen wir das ganze Social Life, das sich ausserhalb der Geschäftsräumlichkeiten abspielt, die Dinners, die Conventions, die Symposien. Die amerikanischen Frauen sind immer dabei, und sie knüpfen eifrig mit an den Beziehungen und Koalitionen, die dem Power Play zugrunde liegen. Diese in Amerika nun einmal gegebene Situation ist für unseren Manager mit erheblichen Gefahren verbunden. Deshalb muss er dafür sorgen, dass die Beziehungen, die seine Frau mit den Frauen anderer Manager pflegt, ständig seiner Kontrolle unterliegen. Er wird also danach trachten, dass sich seine Frau nur in seiner Anwesenheit mit Frauen anderer Manager trifft. Andernfalls wird sie sein Power Play höchstens durcheinander bringen. Muss er z. B. um der Karriere willen seinen Koalitionspartner wechseln, dann wird es für ihn ausserordentlich schwierig, das Problem zu bewältigen, wenn sich seine Frau mit der Frau des früheren Koalitionspartners inzwischen eng befreundet hat. Also wird er die unvermeidliche Anwesenheit seiner Ehefrau möglichst geschickt dosieren.

Am anderen Ende der Skala steht der Italiener. In Italien ist es möglich, dass Sie selbst nach 10 Jahren intensiver Zusammenarbeit mit einem Direktionskollegen dessen Frau immer noch nicht gesehen haben. Erst wenn Sie ihn mit einer schwarzen Krawatte herumlaufen sehen, wissen Sie, dass seine Frau gestorben ist. Im übrigen existieren die Ehefrauen im italienischen Management nicht. An den Business-Dinners der Italiener tauchen nie Frauen auf. Dabei hat fast jeder italienische Manager eine festinstallierte Freundin, nämlich das, was man früher eine Mätresse nannte, ganz in der lateinischen Tradition verwurzelt, mit ihrem Hang, selbst das Abenteuer zu institutionalisieren. Die im Katholizismus angelegte Doppelmoral gestattet es, verlangt aber auch die doppelte Treue: die Treue zur Mutter der legalen Kinder und die Treue zur Mutter der illegalen Kinder. Die beiden italienischen Frauen bleiben im Power Play völlig ungefährlich, weil sie nie die Gelegenheit haben, sich daran zu beteiligen. Zugleich geniesst der italienische Manager den Vorteil, dass beide Institutionen, die Ehe und die ausserlehliche Beziehung, anerkannt sind und niemand sich mit Gesprächen darüber interessant machen kann. Scheidungen gibt es nur von den Mätressen: alle fünf bis zehn Jahre trennt sich das Starlet oder, bei kleineren Managern, die Coiffeuse vom Geliebten, um zu heiraten, noch ehe sie 28 Jahre alt ist. Dann rückt ihre jüngere Freundin in die verlassene Stellung und die vom Manager bezahlte Wohnung ein.

In Deutschland und in der Schweiz ist der Kodex weniger streng als in Amerika, und zugleich sind die Manager hier weniger grosszügig als in Italien. Die deutschen und schweizerischen Ehefrauen sind eigentlich wichtig nur als Vorzeigeobjekte, um die innere Stabilität des Managers zu demonstrieren; sie tauchen aber nur selten auf und haben nie Gelegenheit, sich am Power Play zu beteiligen. Sie sind reine Repräsentationssubjekte, müssen einigermassen wissen, wie man einen gepflegten Haushalt führt, wie man sich anzieht und wie man ein belangloses Gespräch führt. Allesamt sind sie adrett und nett. Die Freundinnen der deutschen und schweizerischen Manager gibt es natürlich auch, die Beziehung zu ihnen ist jedoch meistens wenig dauerhaft und hat eher Seitensprungcharakter, schon weil die deutschen und schweizerischen Manager zu sparsam sind, um sich eine echte Mätresse alla Italiana zu halten.

Da sich die Schweiz immer für einen Sonderfall gehalten hat, ist sie auch zu einem solchen geworden. Damit kommen wir zum Militärwesen. Seit 450 Jahren hat die Schweiz keinen eigentlichen Krieg mehr geführt, und deshalb hat das Militär in der Schweiz eine ganz andere Bedeutung als anderswo. Es dient zwar sicherlich der Landesverteidigung, zumal das Land nicht angegriffen wird; in erster Linie aber ist es der grösste Rotaryclub der Welt, beschränkt allerdings auf ein einziges Land.

Da alle Schweizer fast auf Lebenszeit Soldaten sind und alljährlich in den Militärdienst einrücken müssen, findet in diesem Land alljährlich für die gesamte männliche Bevölkerung ein totaler Rollenwechsel statt. Der Lehrer wird zum Füsilier, der Schlosser zum Kanonier, der Hilfsarbeiter zum Pontonier. Die grauen Mäuse werden wir auch hier wieder antreffen, jedoch in anderen Chargen, nämlich in den für sie gewohnten höheren, d. h. als Kompanie-, Bataillons- oder Regimentschefs. Für sie, die grauen Mäuse, ist das Militär weniger ein Rollenwechsel als ein Wechsel der Branche. Die Durchmischung hat für die grauen Mäuse, und selbst für die anderen, bedeutende Vorteile: Jetzt trifft sich der Maschinenboss mit dem Chemieboss, der Textilboss mit dem Lebensmittelboss usw. Auch Keller ist natürlich dabei. Die Solidarität, die durch das Schützengrabendasein und den gemeinsamen Zweck der Landesverteidigung hervorgerufen wird, schafft neue, dauerhafte Freundschaften und Koalitionen, die den Managern, nunmehr in Offiziersuniformen verkleidet, für das Zivlleben nur Vorteile bringen können.

Das ist auch der Grund dafür, dass in der Schweiz jeder Manager oder Managerkandidat, der sich seine Karriere wirklich gut überlegt, den zivilen Aufstieg eng mit dem militärischen verbindet. Also würden wir Kurt Schneider unbedingt anraten, die Rekrutenschule mit Eifer zu absolvieren — auf dieser Stufe schadet sogar auffälliger Eifer nicht —, später die öde und anstrengende Zeit der Unteroffiziersschule auf sich zu nehmen, Korporal zu werden, dann auch die nur dem Aussenstehenden und Uninformierten als nutzlos vertane Zeit erscheinende Offiziersschule durchzustehen, um zunächst Leutnant zu werden, worauf man automatisch nach vier Jahren Oberleutnant wird; und dann muss Kurt Schneider auf jeden Fall versuchen, die Kaderschulen zu absolvieren, die ihm später den Hauptmannsgrad, d. h. den Rang eines Kompaniekommandanten einbringen. Unterhalb des Hauptmanns nützt der militärische Rang für das zivile Power Play überhaupt nichts. Vom Hauptmann an erst wird es interessant. Aus der normalen Kameradschaftlichkeit unter den im militärischen Verband eingegliederten gleichrangigen Männern ergeben sich neue, wertvolle Beziehungen, die nie den Anschein des künstlich und krampfhaft Erarbeiteten an sich tragen. Auf ganz natürliche Weise lernt Schneider den Generaldirektor der Gastrum AG, seinen ihm jetzt im Militär Vorgesetzten kennen, der ihm allenfalls später im Zivilleben behilflich sein kann, von der Pandora zur Gastrum zu wechseln. Auch mit Keller wird er bekannt, der ja schon aus geschäftlichen Interessen im Militär den Rang eines Majors bekleidet. Keller selber lernt hier auf Staatskosten Kaderleute kennen, die er später im Zivilleben vermitteln kann, zusätzlich mit der Qualifikation, dass diese Kaderleute ja schon im Militär von vielen anderen Bossen und Managern als befähigt angesehen wurden. Auch hier spielt der Mechanismus der externen Absicherung, und hier ganz besonders, allerdings erst von einer gewissen Ranghöhe an. Wenn ein Manager Oberst ist, also Regimentskommandeur, dann wird es seiner Firma schwer fallen, ihn zu feuern, selbst wenn er eine Flasche sein sollte. Denn hinter dem Rang des Obersten stehen so viele Qualifikationsurteile anderer Manager, die sie während ihres Praktikums in der militärischen Branche abgegeben haben, dass man schon sehr gute Argumente braucht, um den Manager-Oberst wegen Fehlleistungen in der Firma zu entlassen; da ist es schon besser, einen anderen Sündenbock zu finden. Das Schlimmste, was unserem Oberst passieren kann, wird sein, dass er in seinem Unternehmen in eine neue Funktion, nämlich in eine funktionslose Funktion, geschoben wird, bei gleichbleibendem Salär und Titel, freilich ohne Kompetenzen.

Zum Glück für die Manager in der Schweiz und für die Einfachheit der Darstellung der Methode des Aufstiegs ist die totale Umkehrung der Rollen im militärischen gegenüber dem zivilen Bereich äusserst selten. Immerhin hat sich der Fall schon verschiedentlich ereignet, und daraus hat sich jeweils ein, wenn auch nur individuelles Problem entwickelt. Verhältnismässig unproblematisch ist der Fall, wo der Oberst, im Zivilleben Generaldirektor, seinen Vizedirektoren begegnet, von denen der eine Major, der andere Hauptmann ist. Dann wird dies für beide, den Major und den Hauptmann, von Vorteil sein; die Kameradschaftlichkeit des Militärs wird sich für sie beide wohltuend auch in der zivilen Karriere auswirken. Ebenso idyllisch verläuft das Ereignis, bei welchem sich Hauptleute oder Majore begegnen, die im Zivilleben, wenn auch in verschiedenen Branchen, ebenfalls einander gleichrangig sind. Daraus können Chancen für Koalitionen im eigenen Betrieb oder für neue Stellenangebote beim allenfalls notwendigen Umsteigen entstehen. Wirklich problematisch ist eigentlich nur der seltene Fall, wo ein Wehrmann, der im Zivilleben einen sehr hohen Rang bekleidet, im militärischen Bereich in sehr tiefer Funktion einem Offizier unterstellt ist, der im Zivilleben weit unter ihm steht. Je grösser der Abstand, desto geringer der Nutzen für alle Beteiligten. Diese extrem peinliche Situation kann indessen nur in Extremfällen entstehen, weil sowohl im Zivilleben wie im militärdienstlichen Bereich durch das Gesetz des Zeitabsitzens dafür gesorgt ist, dass kaum je ein sehr junger Mann über einen älteren herrschen wird, der ihm in einem anderen Bereich sonst vorsteht. Immerhin ist der Fall bekannt geworden, in welchem ein Vizedirektor im Militärdienst Fahrer (d. h. dienstlicher Chauffeur) seines Prokuristen war. Auch dies wiederum hat beiden genützt. Der Prokurist (der Major) hat seinen Vizedirektor (den einfachen Soldaten), soweit es die militärischen Regeln erlaubten, so geschont und bevorzugt, dass es später, im Zivilleben, nicht lange dauerte, bis die Direktion, nicht zuletzt dank der Empfehlung des Vizedirektors (des Fahrers), jenen zum Vizedirektor beförderte, natürlich in einer anderen Abteilung.

Kleine, aber wichtige Tips für die Karriere

Die erste Voraussetzung, die man erfüllen muss, um als Manager Karriere zu machen, ist die: man darf keine Frau sein. Als Frau kann man höchstens die Frau eines Managers werden, aber das ist ein ganz anderer Weg. Das Gesetz des Vorranges des Mannes gilt im Management immer noch fast absolut.

Als allgemeinste Regel gilt: seine Positionen so ausbauen, dass man möglichst kampflos die potentiellen Gegner überrundet. Jeder Kampf ist eine mögliche Niederlage. Er soll nur gewagt werden, wenn er von weit überlegener Position her geführt werden kann.

Mit den Statussymbolen nicht den Status überschreiten, der einem zukommt. Selbst ein Direktor darf keinen Rolls Royce fahren.

Jede Auffälligkeit und Extravaganz in der Kleidung vermeiden. Die Kleidung sei grau oder dunkelblau, Krawatte obligatorisch, Rollkragenpulli usw. verboten. Gefordert ist ein gepflegtes, unauffälliges Aussehen; Bärte und Schnurrbärte wirken unvorteilhaft.

An der Ausstattung des Büros, die ohnehin vom Unternehmen vorgeschrieben ist, möglichst wenig ändern, auf keinen Fall einen Perserteppich mitbringen. Gestattet sind kleine, persönliche Reviermarkierungen wie z. B. das Photo der Frau mit den Kindern. Zulässig und sogar zu empfehlen sind auch visuelle Gesprächshilfen wie etwa das Photo einer alten DC 3, woraus sich ergibt, dass der Büroinhaber Militärpilot ist oder war. Auf keinen Fall das Photo des gegenwärtig geflogenen Flugzeugs aufstellen; das gilt als Angeberei, besonders wenn Sie selbst mit abgebildet sind. Die Funktion der Gesprächshilfe könnte bei einem Manager, der leidenschaftlicher Bergsteiger ist, auch das Panorama des Monte Rosa übernehmen.

Keine Alkoholika im Büro; auch beim Lunch mit den eigenen Kollegen wird nur Alkoholfreies getrunken. Wenn Sie aber unbedingt Wein bestellen wollen, dann auf jeden Fall eine Flasche Mineralwasser dazu, so dass der Eindruck eines höchstens mässigen, entspannten Alkoholgenusses entstehen kann. Wer dagegen nie Wein bestellt, gilt als freudloser Abstinent oder Anonymer Alkoholiker.

Der Manager zeigt selbst bei Firmenfesten nie Zeichen von Angetrunkenheit.

Nie ostentativ und theatralisch Akten mit nach Hause nehmen, sondern nur im Notfall, wenn auch die andern wissen, dass es wegen eines zeitlichen Druckes geboten ist. Vom Manager wird erwartet, dass er seine Arbeit rationell einteilen kann und dass er die Wochenenden im ruhigen Kreise seiner Familie verbringt, um am Montag wieder fit zu sein. Die geordnete Familie muss immer als Hintergrundlandschaft (wie auf alten holländischen Gemälden) fein sichtbar oder vermutbar sein.

Die Belegung des Schreibtisches mit Papieren muss funktionsgemäss sein und soll nichts vorspiegeln. Nie *zu* geschäftig wirken, sondern Überblick zur Schau stellen.

Die Handbibliothek ist strikte fachbezogen; doch empfiehlt es sich, einige Farbakzente zu setzen, die ein breites Interesse und einen weiten Horizont markieren, z. B. mit «Il Principe» von Machiavelli oder Alvin Tofflers «Zukunftsschock». Dann aber müssen Sie diese Bücher auch wirklich gelesen haben, um nicht in die Verlegenheit zu kommen, dass ein Besucher Sie in ein Gespräch darüber verwickelt und Sie überhaupt nicht Bescheid wissen.

Abendliche Ausgänge nicht zu häufig und nur in angesehene Lokale. Wenn mit der Sekretärin, dann in ein stark frequentiertes, zentral gelegenes Restaurant; gehen Sie ja nicht mit ihr in eine abgelegene Wirtschaft auf dem Lande. Denn wenn Sie dort jemand antrifft, dann ist er überzeugt, er habe Sie ertappt, und er wird dies auch entsprechend herumerzählen.

Freundschaften mit anderen Aufsteigern von der Studienzeit und vom Militär her sind kontinuierlich zu pflegen, indem man sich etwa viermal im Jahre trifft oder wenigstens miteinander telephoniert. Sehr gefährlich ist es, eine lange Zeit vernachlässigte Beziehung plötzlich wieder aufzunehmen, um sich damit einen Vorteil zu verschaffen. Der andere wird sich leicht missbraucht vorkommen. Besonders nützlich ist die Pflege von Freundschaften mit Gleichrangigen in anderen Branchen. Höherrangige bekommen leicht das Gefühl, man wolle sich bei ihnen einschmeicheln, um etwas von ihnen zu erreichen. Protektion soll man dankbar akzeptieren, sich aber nicht darum bemühen. Sie sollte immer nur aus zufälligen und ungezwungenen Situationen entstehen. Solche Situationen können sich beispielsweise im Golfclub ergeben; aber auch dann gehen Sie nicht auf den Höheren zu, sondern lassen ihn auf sich zukommen.

Hilfsmittel für die Pflege wertvoller Beziehungen sind angesehene Vereine, Fachvereinigungen und auch Clubs. Sie können z. B. selber die Anregung machen, dass Sie und Ihre Mitaufsteiger sich jeden Dienstag in einem netten, zentral gelegenen Lokal zum Lunch treffen. Schon die Gespräche, die in dieser Runde stattfinden, werden immer wertvolle Informationen enthalten. Dabei sollen Sie eher Informationsempfänger sein als Informationsgeber, jedoch nicht als Aushorcher auffallen. Die Runde muss offen sein, zwanglos, und man sollte nicht zu regelmässigem Erscheinen verpflichtet sein. Sie sollte auch nicht *nur* aus Aufsteigern bestehen; es dürfen ruhig auch ein paar Ärzte oder Anwälte oder Wissenschaftler dabei sein. Damit wird unterstrichen, dass der Dienstagslunch nichts mit Karrieremacherei zu tun hat.

Die Aussenabstützung ist frühzeitig vorzubereiten, indem ausserhalb des Unternehmens mit Ansehen verbundene Funktionen oder Positionen errungen werden, etwa durch Publikation von fachbezogenen Zeitschriftenartikeln, durch Vorträge vor Fachvereinigungen, durch Mitgliedschaft im Vorstand einer Branchenvereinigung.

Beim Aufbau der Karriere sind Umwege zu vermeiden; also auch bei gutem Salär nicht zu Klein & Krämer gehen, sondern von Anfang an beim Grosskonzern einsteigen.

Einer der schwersten und fast immer tödlichen Fehler ist die kleine Betrügerei bei den Spesen. Schon drei Mark, die nicht ganz stimmen, können Sie den Kopf kosten. Bekanntlich sind ja die grössten Machthaber über ihre kleinsten Schwächen gestolpert. Also nehmen geschickte Manager eher hin und wieder etwas auf ihre eigenen Kosten, als dass sie nicht-belegbare Spesen beziehen. Die Kontrolleure, Neider und Konkurrenten haben nämlich einen besonderen Blick für Kleinigkeiten.

Ähnlich wie mit den Spesen verhält es sich mit den Kundengeschenken. Es verbietet sich absolut, diese für sich zu behalten; vielmehr gehört es zum guten Stil, sie sofort und ostentativ an die unteren Angestellten zu verteilen.

Die kleine Bestechlichkeit ist also unbedingt zu vermeiden. Bei der grossen Bestechlichkeit, die leider auch nicht selten vorkommt, weiss jedoch der Manager genau, was er tut und dass er sich auf dem Boden der Wirtschaftskriminalität befindet. Damit riskiert er Kopf und Kragen. Wenn es nicht ruchbar wird, hat er vielleicht das grösste Geschäft seines Lebens gemacht.

Anders verhält es sich mit der aktiven Bestechung. Deren Mechanismus muss der Manager, der mit Ländern beispielsweise des mittleren Ostens Geschäfte tätigt, ganz genau kennen. Er muss wissen, wen man schmieren muss und wie man es tut.

Unentbehrlich ist auch eine gewisse Beteiligung am Kulturleben der Stadt; es ist gut, hin und wieder an Premieren gesehen zu werden, besser im Schauspielhaus als in der Oper; jenes wirkt gebildeter und hat keine Soubretten.

Den Wirtschaftsteil angesehener Zeitungen muss der Manager regelmässig lesen, ebenso zwei oder drei Wirtschaftsfachblätter. Dabei muss er besonderes Augenmerk auf die personellen Veränderungen, die in der Szene stattfinden, richten. Besser noch ist es, wenn er früher als die Zeitungsleute über solche Vorgänge informiert wird, z. B. über Freunde aus anderen Branchen.

Börsengespräche nicht zu häufig und nur mit distanzierter Ironie führen.

Der erfolgreiche Aufsteiger wird stets ein diskretes Verhalten an den Tag legen; Bluff und Angeberei sind unter allen Umständen zu vermeiden. Es bringt z. B. überhaupt nichts ein zu sagen, mein Freund, der Generaldirektor so und so oder der Dirigent so und so hat mir gestern einen Blitzbesuch gemacht. Selbst wenn das tatsächlich der Fall gewesen sein sollte, hilft es nicht weiter, und wenn es nicht der Fall gewesen sein sollte, wird es an den Tag kommen und sich verheerend auswirken. Sollte tatsächlich Generaldirektor Bauer aus dem andern Grosskonzern Ihnen telephoniert haben, so lassen Sie dies im eigenen Unternehmen nur wissen, wenn dafür ein klarer fachlicher Grund besteht. Das, was die Amerikaner «name-dropping» nennen und schamlos üben, ist in Europa als Angeberei verpönt.

In Europa legen wir Gewicht auf die Qualität und nicht auf die Quantität des Bekanntenkreises. In Europa wird genau abgestuft zwischen Kollegen, Bekannten und Freunden; in Amerika werden alle «my friend» genannt.

Diese Regeln, so einfach sie scheinen und so banal sie klingen, sind auf die Dauer äusserst schwer einzuhalten und verlangen den Managern strengste Disziplin ab. Schon ein einziger Fehltritt oder Regelverstoss genügt, um jahrelange mühsame Arbeit an der eigenen Karriere zunichte zu machen. Nur mit übermenschlichen zusätzlichen Leistungen kann nach längerer Zeit ein kleiner Fehler wiedergutgemacht werden.

Wenn es Ihnen aber gelingt, die Regeln einzuhalten, dann können wir Ihnen versichern, dass Sie es mindestens bis zum Direktor bringen. Andernfalls werden wir Ihnen den Preis für dieses Buch zurückerstatten.

Weitere Bücher von **Peter Noll im Pendo-Verlag**

Diktate über Sterben und Tod
360 Seiten, gebunden, 1984
Denn anders als andere «Krebsbücher» . . . zeichnet dieses Buch noch ein Drittes, Viertes und Fünftes aus. Da ist zum einen der ebenso scharfsinnige wie eigenwillige Strafrechtler, . . . Dann ist daneben der glänzende Stilist, der . . . eine Fülle kluger Aphorismen, unterhaltsamer Anekdoten und einsichtsvoller Reflexionen über Gott und die Welt, die Literatur, die Musik, die Kunst oder die Frauen vor uns ausbreitet. . . .
Paul Badde, Frankfurter Allgemeine

Gedanken über Unruhe und Ordnung
320 Seiten, gebunden oder broschiert, 1985
Dieses Lesebuch legt eine Vielfalt von veröffentlichten und unveröffentlichten Belegen von Peter Noll's Denken vor: Vorträge, Aufsätze, Predigten und eine Erzählung «Die letzten Menschen».

In Vorbereitung:

Dichtung und Wahrheit
oder vom übermässigen Gebrauch der Wahrheit
Fabeln, Hörspiele, Erzählungen aus dem Nachlass
ca. 200 Seiten, gebunden

Kabarettgeschichte-n

Eine Buchreihe von Reinhard Hippen
im Pendo Verlag

25 themenbezogene Bände, je 180–190 Seiten, gebunden.

Texte, Noten, Zeichnungen, Fotografien, Daten, Fakten und die Beschreibungen zur zeitgeschichtlichen Einordnung der Dokumente, machen jeden Band zu einem informativen Nachschlagewerk — und zur spannenden Lektüre.

Insgesamt wird die Buchreihe einen Teil des Materials veröffentlichen, das der Herausgeber Reinhard Hippen als Gründer und Leiter des DEUTSCHEN KABARETT ARCHIVS in Mainz seit über 25 Jahren gesammelt hat.

Das literarische, artistische und politisch-satirische Kabarett, in seiner Geschichte meistens im Widerstand zu den Herrschenden, wird in allen seinen Formen und Anwendungsbereichen beschrieben und belegt und mit einem Lexikon der Namen und Begriffe und einer Bibliographie abgeschlossen.

Pressestimmen zu den ersten drei Bänden:

In seinem ureigensten Revier besticht Hippen indes durch staunenswerte Versiertheit ... Auf knappe, mit interessantem Bildmaterial angereicherte Sacheinleitungen folgen zahlreiche Textproben und Notenbeispiele ... mit andern Worten: eine Enzyklopädie in Anekdoten.   Frankfurter Allgemeine

Nach der Lektüre der ersten Bände ... ergibt sich, dass bei dem gross angelegten Unternehmen zwar auch Kabarettgeschichten erzählt werden, dass aber ... Kabarettgeschichte geschrieben wird.   Neue Zürcher Zeitung

Sie zeigen deutlich Sinn und (Sach-)Verstand dieses ehrgeizigen Unternehmens: Mit Akribie, Niveau und Leidenschaft wird hier der Geist dokumentiert, der rebelliert, wenn man ihn bevormunden will, der auch dann nicht schweigen kann, wenn man Jagd auf ihn macht. Ein Nachschlagewerk — höchst informativ und zum lustvollen Schmökern animierend.   Münchner Abendzeitung

Mit Akribie beschreibt der Herausgeber das literarische, artistische und politisch satirische Kabarett in allen seinen Formen und lässt die vergangenen 80 Jahre Revue passieren. Texte, Noten, Zeichnungen, Fotografien, Daten, Fakten und die Beschreibung zur zeitgeschichtlichen Einordnung der Dokumente machen diese Bände nicht nur zu einem informativen Nachschlagewerk — die unterhaltsame Aufbereitung sorgt zusätzlich für spannende Lektüre.

Berliner Morgenpost

Seit 25 Jahren sammelt Reinhard Hippen in seinem «Deutschen Kabarett Archiv» in Mainz, was die zehnte Muse an Politischem und Pittoreskem hervorgebracht hat — eine einzigartige Fundgrube. Nun im Jubiläumsjahr hat er ein Bücherprojekt gestartet, mit dem er seine Schätze veröffentlicht.   Der Spiegel, Hamburg

Für Liebhaber der zehnten Muse wird die geplante Reihe eine wahre Fundgrube werden.   Die Weltwoche, Zürich

Kabarettgeschichte~n

Eine Buchreihe von Reinhard Hippen
im Pendo Verlag

Jährlich 3 bis 4 Titel: Sie erscheinen nicht in chronologischer Reihenfolge.
1986 sind die Nummern 9, 10 und 14 erschienen.

1. Das französische Chanson
Spötter, Käuze und Rebellen

2. Die Welt als Überbrettl
Kabarett im Kaiserreich

3. Proleten-Pointen
Kabarett von unten

4. Erklügelte Nervenkultur
Kabarett der Neopathetiker und
Dadaisten

5. Getanztes Kabarett
Revue, Variété und Tingeltangel

6. «Was darf die Satire?»
Zensuren, Zensoren und Zensierte

7. Eine gewisse Republik
Kabarett der zwanziger Jahre

8. Höhlen, Tunnels, Katakomben
Kabarettistische   Unsinnsgesell-
schaften

9. Kabarett der spitzen Feder
Streit-Zeitschriften

10. Das Kabarett-Chanson
Typen, Themen, Temperamente

11. Lach- und Liedermacher
Songpoeten, Protestsänger, Blödel-
barder

12. Mit'n Zopp
Kabarett für und von Frauen

13. Es liegt in der Luft
Kabarett im Dritten Reich

14. Satire gegen Hitler
Kabarett im Exil

15. Entrüstet Euch
Kabarett für Abrüstung und Frieden

16. Die Hinterbliebenen
Kabarett im besetzten Deutschland

17. Wir Wunderkinder
Kabarett in der Bundesrepublik

18. Bis zur letzten Frequenz
Kabarett in den Medien

19. An der lauen Donau
Kabarett in Österreich

20. Eine schöne Gesellschaft
Kabarett in der Schweiz

21. Hurra, Humor ist eingeplant
Kabarett in der DDR

22. Schule des Humors
Kabarett in Osteuropa

23. Auf der roten Rampe
Kabarett im Klassenkampf

24. Die zehnte Muse
Theorie des Kabaretts

25. Das Kabarett
Lexikon der Namen und Begriffe